AF220630

Heilen mit der Kraft innerer Bilder

Wie wir innere Stärke entfalten und Psychodynamiken heilen.

Heilen mit der Kraft innerer Bilder bedeutet, sich im psychologischen Sinne Heil-Sein zu affirmieren. Wir spüren die Liebe Gottes und heilen unser Innen. Wir sind, die wir sind. Und die Liebe Gottes heilt. Beim katathymen (auf die Gefühle bezogenen) Bilderleben zum Beispiel, kann der Therapeut die Bedeutung bestimmter Bilder erleben lassen und „umwandeln"; dies kann zu großen Heilungen führen. Wir werden liebevoller und umgänglicher.
Die Bilder können wir selbst entstören, eigene erfinden, und daran heilen. Viel Freude mit dem Buch, das einem Workshop entspringt. Die Texte sind gechannelt.

Zu meiner Person:

Nach und während einer klassischen Ausbildung, einem Studium im geisteswissenschaftlichen Bereich und einer Dissertation, wurde der spirituelle Weg immer deutlicher für mich zum Leitstern meines Lebens in dieser Welt.
Die hohen Energien von Avalon, die die Druiden einst einsetzten, um heiliges Wissen zu verbreiten, kehren zurück, und in dieser Tradition steht sowohl diese Publikation, wie mein Leben im Licht der Einheit.
Merlin, der aufgestiegene Meister, der ich bin, hat in der neuen Zeit die Aufgabe, mit den Menschen an dem Aufstiegsprozess zu arbeiten und sie daran zu erinnern, dass sie das hohe Liebesbewusstsein Gottes sind.

Namasté.

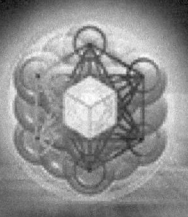

Workshop

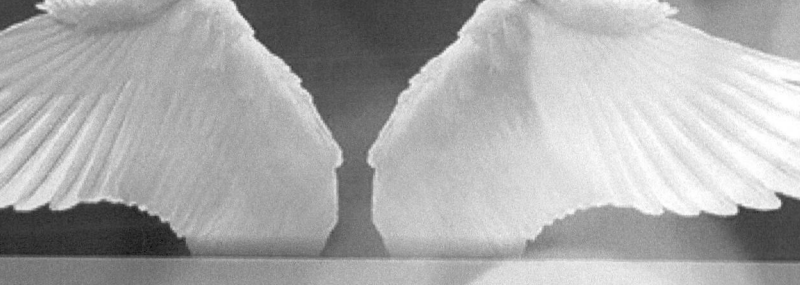

Heilen mit der Kraft innerer Bilder

Wie wir innere Stärke entfalten und Psychodynamiken heilen.

Christian Hüls

Informationen und weitere Hinweise:
www.christian–huels.de
Blog: spirit.fotografie–huels.de

Bibliografische Information der Deutschen Nationalbibliothek:
Die Deutsche Nationalbibliothek verzeichnet diese Publikation in der Deutschen Nationalbibliografie; detaillierte
bibliografische Daten sind im Internet über www.dnb.de
abrufbar.

Herstellung und Verlag:
BoD – Books on Demand, Norderstedt
ISBN 9783752805154

Inhalt

Auf der linken Seite des Buches finden Sie fortlaufend Affirmationen sowie die einzelnen, aus der Therapie bekannten „Bilder" als Karten abgebildet. Auf der oder den jeweilig folgenden linken Seite(n) finden Sie die passende Heil-Affirmation, so dass Sie auch intuitiv vorgehen können, also beispielsweise eine für Sie oder Ihren Klienten passende Karte „ziehen" (im Inhaltsverzeichnis spüren, welche Karte nun richtig ist), und dann umblättern zur Beschreibung der Karte und zur Heilung des Bildes.

Bitte lassen Sie sich auch Zeit mit dem Fließtext auf der rechten Seite, der den Vorgang des Heilens mit inneren Bildern näher bringt.

Auch mit einzelnen Bildern kann man sich ausführlich und „immer mal wieder" beschäftigen.

Ich wünsche Ihnen viel Freude mit dem inneren Bilderleben.

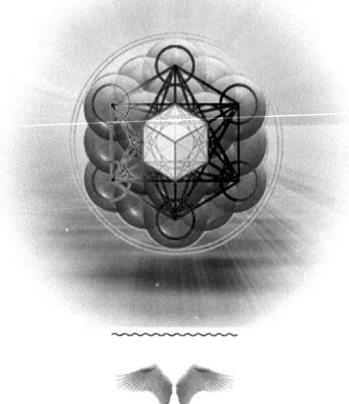

Die Psychologie kennt die katathyme (griechisch: auf die Gefühle bezogene) Methode des Bilderlebens, um den sogenannten Widerstand des Klienten zu umgehen. (Eingeführt hat dies Hanscarl Leuner 1954, der bestimmte Bilder nutzt, wie sie unter anderem auf der linken Seite dieses Buches beschrieben sind).

Dies heißt, wir führen als Therapeut den Menschen in innere Bilder/Erlebnisse, die sein Inneres spiegeln.
Diese Bilder sagen in unterschiedlichen Varianten etwas über den „seelisch/psychischen" Spannungszustand des Klienten aus. Fühlt er sich wohl, gesehen, geachtet, hat er innere Anteile, die im Widerstand, in der Kindheit „stecken" geblieben sind und kommt sich „ungeliebt", „ungeachtet" vor? Dann hat er meist Anhaftungen, Glaubenssätze und Muster aus dem Ahnenfeld, also aus der Kindheit übernommen. Auch frühere Leben können eine Rolle spielen.

Manches Mal reagiert der Klient die Bilder aus der Schul- und Kindheit aus. Sie sind oder können „fixiert" sein. Das heißt, er hält fest an Anteilen aus der Kindheit, die geheilt werden wollen.

Um dies deutlicher zu machen: Die Kindheit ist ein Bildner der Ich-Funktion und seiner Störungen, die die katathyme Therapieform in der Lage scheint, zu heilen. Sind wir glücklich im Leben?

Gott ist unendliche Gnade und Liebe, und wir sind Licht. Und wir spüren die Liebe Gottes, und Gott ist, und die Allmacht Gottes heilt uns. Wir sind Licht. Spüren wir, wo wir Lernthemen haben, dann werden uns unsere dritten Augen geöffnet, und wir sind Licht.

Fühlen wir Stolz auf uns?

Fühlen wir „Abwehr", wenn wir an uns selbst denken, Lehnen wir uns in irgendeiner Weise ab? Dann sind wir meist auch „unsicher" gebunden, und sollten die Mutterthemen heilen. Wir können dies durch Gott selber und die inneren Bilder zum Beispiel erkennen und heilen.

Wir bitten Gott nun um eindeutige Bilder, sowohl aus der katathymen Therapie, als auch aus dem Unbewussten, wie wir die Mutter wahrnehmen.

Spüren wir einmal hinein, wie ein Bild sich entschlüsseln lässt:

Gott, bitte zeige mir ein Bild aus dem katathymen Bilderleben, das ich nun benötige.

Zum Beispiel der Rosenbusch.

Wie sieht er aus? Hat er Dornen? Sind viele Rosen an dem Busch? Ist die Rose rot oder rosa, welche Farbe hat sie? Nehmen wir an, die Rose ist rot und hat Dornen. Wirkt sie bedrohlich? Darf man sich ihr nähern oder sind Dornen Zeichen der Abwehr, des Abstandes? Ist es „dornig" als Kind? Ist die Mutter dominant (rot, „oft" zornig, wütend)?
Oder mild? Wie fühlt sich das Rot an?
Nach Ablehnung?
Und die Dornen, kann man sie anfassen?

Des Menschen Wille ist sein Himmelreich, und
Gott heilt. Er oder sie ist unendliche Gnade. Und
so wird Euch Euer Himmel geöffnet, wenn Ihr
darum bittet.
Bittet weise: Sha are ora, sha are ora, sha are ora.
Und die Türen zum Himmel öffnen sich. Ba Ra
Sekhem.

Erzengel Metatron

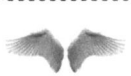

Wie wäre die Rose ohne Dornen, oder „aggressives" Rot, also dominantes Verhalten?

Wie ändert sich dann das Gefühl zu der Blume?

Wenn wir mit dem Klienten über Bilder reden, sind wir sehr behutsam und machen ihn auf den Zusammenhang – zum Beispiel eine Bedrohlichkeit der Mutter auf das Kind, aufmerksam, und gleichzeitig können wir Übertragungen des Klienten ahnen.

Wie ändern wir nun das Selbsterleben des Klienten, das, um im Bild zu bleiben, womöglich durch Anhaftungen gekennzeichnet ist, bis hin zu verdrängten Rollenspielen, als Kind die Bedürfnisse der eigenen Mutter zu befriedigen. Das kann dazu führen, dass das Kind schüchtern oder neidisch wird auf die Welt. Will es auch angepasst sein? Zieht es auch dominante Mutterfiguren an, und Themen wie (unterdrückte) Wut, Aggressivität? Dann hält es etwas in sich zurück. Vielleicht auch die Liebe?

Wir würden hierzu nun Gott und die Engel bitten, die Rose zu heilen, das Bild zu glätten, ihm, dem Kind einen Engel an die Seite zu stellen und das innere Bild „Wut", „Dornen" in ein zarteres Gefühl zu tauchen. Taucht hierbei auch unterdrückte Wut auf die Mutter auf?

In der Therapie ist es wichtig, darauf einzugehen – wir können auch den Klienten bitten, sich einmal vorzu-

In Atlantis gibt es ein altes Gebet. Es lautet: Wir sind Licht, wir sind Liebe, und wir heilen im Licht der Einheit.

Wir werden im Licht der Einheit Gottes All-Liebe in uns aufnehmen und die Anteile in uns heilen.

Wir sind Licht.

Ba Ra Sekhem (ägyptisch für : Hohe Seele / Höchstes Selbst, Bewusstsein, Lebenskraft und -fülle.
Ba Ra Sekhem.
Und wir sind Licht.

Spürt die Liebe Gottes, und sie heilt.
Ba Ra Sekhem.
Und wir sind Licht.

Kuthumi

stellen, er sei der Rosenbusch. Wie sieht er sich, welche Farbe haben oder hat die Rose, ist sie dornig? Dann spielen Anhaftungen eine Rolle, die von der Mutter übernommen wurden.

„Aggressive" Mütter, die auch neidisch sein können auf die eigenen Eltern, bilden oft eine falsche Wahrnehmung aus beim Kind.

Lassen wir den Klienten nun zu sich kommen, den Engel spüren, und sein Bild heilen.

Wenn die Mutter keine „Dornen" hätte, wie wäre das Bild dann? Wir gehen wieder auf den Klienten ein. Sieht er oder sie die Rose anders, sieht er mehrere Rosen am Strauch, sieht die Szene graziler aus, als könnte er die Rosen genießen?

Wir ahnen, das Bild könnte auch mit seiner oder ihrer Partnerwahl zu tun haben, aber auch in einem weiteren Sinne geht es um Nähe und Distanz, um Nähe zu sich selber.

Können wir sie zulassen? Auch zu anderen? Sind die Übertragungen aus der Kindheit geheilt, die die Mutter nun als nährende und gewährende Person erleben lassen? Verblassen also die Anhaftungen?

Wir beschäftigen uns noch tiefenpsychologischer mit dem Bild der Mutter und der Rose. Bestimmt die „inne-

*Gott ist unendliche Gnade, und er oder sie ist so
lichtvoll und heil, dass er uns zum Beispiel mit der
Heilkraft der Seele vertraut macht.
Wir sind Gott selber. Hinter all den Kulissen
sind wir heil und ganz, und wir können dies
Ganz-Werden beschleunigen durch Gott und die
Engel. Wir bitten sie um Hilfe, die auch im
katathymen Bilderleben wahre Wunder bewirken,
und unsere Störungen beseitigen.
Denn wir sind ewig heil.
Wir müssen es bloß erlauben. Und dies ist so.
Wir erlauben es.
Heil, heil, ewig heil, und wir sind Licht.
Alle Störungen gehen.
Ba Ra Sekhem, um dies zu betonen.
Ich bin, der ich bin. Dies könnt Ihr sagen.
Ba Ra Sekhem, und die Anteile heilen in Euch.*

re", intrinsische Mutter unser Liebesverhältnis zu anderen und zu uns selbst?
Wenn wir „antrainiert" haben, dass wir genügen sollen, dann wirkt dies sehr subtil.

Wir trainieren dann unser Leben lang Anpassung, in welchen Bereichen des Lebens auch immer. Dies kann bis zu den Programmen des Mangels gereichen, Arroganz zu entwickeln.

Wir betrachten das Bild der Rose erneut, verändert es sich, wenn wir den Wut-Körper des Klienten, der auch seine Zwänge enthält, durch Gott entmustern lassen. Dies geschieht zum Beispiel durch folgende Bitte:

Gott, bitte erlaube mir, mich / meinem Klienten, sich ganz selbst zu leben, den Wutkörper zu entmustern, alle Zwänge zu heilen, und dies, wenn es erlaubt ist, in Liebe, jetzt.
Ich danke Dir von Herzen, und lass mich und meinen Klienten spüren, wie liebevoll Du bist. Bitte halte mein Feld und das meines Klienten. Danke von Herzen.

Wir können dies am Bild der Rosen überprüfen, Gott hält uns die Hand und wir spüren die Rosen, sind sie „weicher", milder, runder? Sehen wir mehr Rosen, und mehr vom Bild, entfesselt sich „Eros"? Als Lebenslust und Liebe? Dann sind wir geheilt.

Wir spüren noch tiefer hinein. Unsere Beziehung zu uns selbst will ohne Dornen, ohne Abwehr gelebt werden.

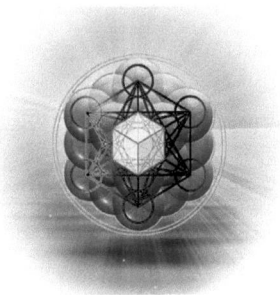

Zum Umgang mit den Bildern, die zum Beispiel zur Selbstüberprüfung dienen und Hürden in uns aufweichen:

Wir spüren das Bild, wissen oft intuitiv, worum es hierbei geht, und schauen, wie wir mit einem Bild umgehen. Tritt zu uns etwas „Düsteres", dann bitten wir Gott und die Engel um Hilfe.

Spüren wir Erleichterung, dann sind wir heil und können dies Bild in Gänze heilen. Sowohl im zwischenmenschlichen Bereich werden wir nahbarer als auch im Umgang mit uns selber. Dies sei kein Heilsversprechen.
Bei Fragen scheuen Sie sich bitte nicht, mit mir selbst oder einem Therapeuten Rücksprache zu halten.

Viel Freude mit dem Folgendem.

Die Triebkräfte, die ja oft festhielten am Mangel, etwas tun zu sollen, um geliebt zu sein etwa, zu kompensieren, genügen zu sollen, sie sind oft im gegnerischen Prinzip, im Leistenmüssen, im Tunsollen, in der Abwehr gegen das andere Geschlecht, gegen die eigenen Eltern, Geschwister, in unvermittelten, aggressiven Impulsen, die nicht kontrolliert werden, usw., verortet. Wir analysieren diese erneut.

Sind wir in Abwehr, reagieren wir meist nicht räsonierend, sondern wiederholen Kindheitstraumen – dies können wir am Bild des Löwen überprüfen, er steht für Macht, Tundürfen, sich durchbeißen, Wut und aggressives Verhalten.

Wir führen den Klienten also in seine Abwehrhaltung. Wie nimmt er den Löwen wahr?

Bitten wir den Klienten, sich in die Szene, beispielsweise in Afrika, hineinzuversetzen. Wie nahe ist der Löwe, brüllt er, ist er „zahm", kann sich der Klient nähern? Was geschieht dann.

Inneres Gefühl und äußeres Erleben, wenn es um Themen wie Annahme von Verhältnissen, sich durchsetzen zu können geht, wollen in Einklang gebracht werden. Hierbei sollen wir uns meist unterdrücken. Etwas, das nun in der Steppe Afrikas ausagiert werden kann.

Wir spüren den Löwen, seine Mähne, seinen Stolz –

1. Die Wiese

Die Wiese ist das erste der fünf Grundstufenmotive. Sie spiegelt unsere gegenwärtige, momentane Stimmung wieder.

www.christian-huels.de

wie reagiert der Klient auf den Löwen?

Nehmen wir an, der Löwe ist aggressiv. Kann ich mich ihm (also der Klient) nähern? Oder möchte ich „fliehen". Will ich Abstand?

Was heißt dies „übersetzt"? Der Löwe (in mir) ist entweder zahm oder wild; brüllt er mich an, habe ich ein Problem mit Nähe. Denn ich habe womöglich nicht gelernt, mich durchzusetzen. Habe ich ein Problem mit Nähe und Distanz, kann sich dies in verschiedenen Anteilen zeigen, hierbei (beim Löwen) ist die Durchsetzungsfähigkeit, der Stolz, aber auch der Umgang mit „Wut" und aggressivem Verhalten maßgeblich.

Unterdrücken wir Wut in uns, kann sich dies hier zeigen in Abwehrmechanismen. Wir sollten dann mit dem Klienten dies ausagieren lassen. Zum Beispiel, indem wir das Bild des Löwen betrachten und prüfen, was es braucht, damit der Löwe anschmiegsam, fast schon gebändigt, wird.

Bitten wir Gott um Hilfe und Hinwendung (des Klienten) zu sich selber. Wo versteckt er sich selber? In welchen Situationen wird er unruhig bis wütend? Hat er Neid oder Zorn auf andere? Gibt er den Gefühlen genug Raum?
Gibt es einen tieferen Grund, den er oder sie mit Hilfe der Wut kaschiert?

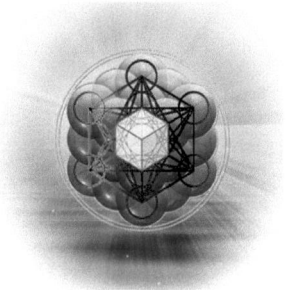

Spüren wir in die Wiese hinein.

Wie fühlen wir uns?
Zu uns tritt ein Engel, es ist der Erzengel Gabriel.

Der Engel möchte, dass wir uns ganz dem Licht öffnen. Und wir bitten ihn um Heilung.
Wir sind reiner Kanal.
Wir spüren die Liebe Gottes, und sie heilt.

Spüren wir Erleichterung?

Dann ändert sich meist auch das Bild, das wir betrachtet hatten. Betreten wir sie öfter, die Wiese, und wir danken Gott und den Engeln.

Manchmal ahnt der Mensch, dass er aus der Kindheit diese Wut in sich trägt aus Ohnmachtsgefühlen.
Manchmal kann er sie nicht benennen. Wir umgehen dies, indem wir die inneren Bilder nutzen und Gott bitten, uns zu heilen.

Gott, bitte heile mich von meinem inneren Phlegma und lass mich den Glanz erkennen, der ich und Du in Wahrheit sind.
So eine Bitte, die auch für den Klienten Gültigkeit hat.
Wie sieht der Löwe nun aus?

Ist die Wut oder die Scheu vor dem Löwen milder?
Meint der Löwe auch Durchsetzungsvermögen? Spüren wir, ob dies im psychischen Geschehen zu mehr Milde führt und zu einem Durchatmen. Ist der Löwe dennoch mächtig? Dann gibt er sich in Liebe dem Leben hin und die Aggression ist weiter zu entmustern.

Durcharbeiten des Verdrängten nennt man dies in der Psychoanalyse.

Wir gehen tiefer, und nutzen auch die Kraft der inneren Bilder, um uns selbst zu enttarnen.

Wir sind Gott selber, also gibt es diese Trennlinie des gestörten Wutkörpers gar nicht.
Wir können dazu ein Bild aufrufen – wir spüren einmal, wie sich der Wutkörper des Klienten (auch unsere eigener), anfühlt.

2. Der Bachlauf

Der Bachlauf ist der Ausdruck der
fließenden seelischen Entwicklung
und der ungehinderten Entfaltung
der seelischen Energie.
Beschrieben wird der Weg zur
Quelle und der Weg zur Mündung,
zum Meer.

www.christian-huels.de

Ist er geheilt, oder enthält er Spuren und Bahnen der Nicht-Achtung (beispielsweise der anderen)? Dann lösen wir die Blockaden darin, indem wir Gott erneut bitten, uns vollständige Klarheit über den Wutkörper (des Klienten) zu geben.

Wir sehen (seine) Wut als verzerrten Anteil, der durch die Blume des Lebens heilt.

Spirituell gefasst: wir heilen die Blume des Lebens unserer Klienten, und / oder die eigene, indem wir in Liebe und Frieden sind. Wir sind dann im Einklang mit Allem was ist.

Dies wäre die buddhistische „Leere", von der wir ein Teil sind.

Wir lassen den Klienten nun folgendes erleben: Er oder sie spürt in den Körper und wir bitten ihn, seine Wut, seinen Zorn zu fühlen. Wo fühlt er dies? Im Bauchraum? Fühlt er sie überhaupt?

Wie fühlt es sich an? Lässt es den Körper unter Spannung geraten, erstarren oder etwas Ähnliches erleben? Lässt es den Körper in übertriebenen Haltungen ausharren oder sogar eine Schonhaltung einnehmen? Wir nennen dies dann Deckerinnerung: etwas darf nicht da sein. Wir lösen nun die Deckerinnerungen, und Gott erlaubt dies.

Wir sind Licht.

*Fließt es in uns? Oder sind wir den Strömungen
des Lebens scheinbar „nicht gewachsen"?
Dann sind dies innere Kinder, die meist traurig
sind, und wir bitten sie hervor.
Wie sind sie?
Sind sie gesehen worden in der Kindheit?
Oder sind sie gar geschlagen worden?
So heilen wir sie nun im Licht der Einheit, denn
Gott ist unendliche Liebe und Gnade, und wir sind
Licht. Spüren wir die Liebe Gottes und der Engel
und Erzengel, und sie heilt unser inneres Kind.
„Es strömt". Dies dürfen wir spüren.
Und Gott heilt.
Nehmen wir unser inneres Kind in den Arm, und
geben ihm all die Liebe, und wir sind Licht.
Ist es nun geheilt(er) und gehalten? Dann bitten
wir dennoch um Heilung und Transzendenz, und
wir wurden nie verbal oder physisch „geschlagen".
Ba Ra Sekhem. Strömt das Bild nun?*

Wie fühlt sich der Körper des Klienten an? Wir bitten durch Gott und die Engel um Heilung innerer Spannungszustände des Wutkörpers des Klienten und könnten folgende Affirmation verwenden:

Ich bin Liebe, Wille und Weisheit, ich bin Gott selber, und so mein Gegenüber, ich manifestiere aus dem höchsten Bewusstsein, dass ich in der Reinheit des göttlichen Bewusstseins channele und reine Gedanken Gottes durch mich fließen, ich bin Licht. Und ich bin, der ich bin.

Ich löse alle Verstrickungen, alle Eide und Flüche im Klienten und heile den Ba (ägyptisch für Hohe Seele / Höchstes Selbst) *der Trennung zur Einheit. Ich bin Licht.*
Und der Emotionalkörper heilt.

Wo ist nun unterdrückte Wut, meist alter Schmerz aus der Kindheit, der uns oder den Klienten in diesem Leben blockiert?

Wie fühlt sich der Körper des Klienten an? Vielleicht fühlt er mehr Freude.

Vielleicht will auch in Euch noch Heilung geschehen. Dann lasst dies zu.

Lasst Gott Liebe (er)leben und Freude in Euch.

Unsere tiefen Traumen gehen, wenn wir mit Gott und den Engeln sprechen und unsere Spiritualität vertiefen.

Und wir sprechen Worte der Heilung und Transzendenz:

Bitte Gott, heile mein inneres Kind von allen Anhaftungen, Glaubenssätzen und frühen Bindungsstörungen.
Ich bin, der ich bin.
Ba Ra Sekhem.
Und die Anteile heilen in mir.
Und ich bin Licht.
Ich danke mir selber und meinem inneren Kind.

Und natürlich danke ich Gott und den Engeln und Erzengeln, den Meisterinnen und Meistern und der göttlichen Quelle und Urquelle allen Seins, denn ich bin Licht.
Ba Ra Sekhem, um dies zu betonen.
Mein Innen heilt erneut, wenn Gott dies erlaubt.
Ich danke Gott, dies dürfen wir sagen.

Wir sind Licht.

Lasst wieder Gott durch Euch wirken, und Ihr seid Licht – sprecht zum Beispiel:

Ich bin Licht, ich bin Liebe, ich bin Gott selber, und ich manifestiere aus dem höchsten Bewusstsein, dass ich und mein Klient nun den Emotionalkörper lösen und den Astralkörper in die Einheit des Bewusstseins heben und transformieren. Wir sind, die wir sind. Ba Ra Sekhem. (Ägyptisch für Hohe Seele, Höchstes Selbst, Bewusstsein und Lebenskraft). *Und der Ba ist Licht. Ba Ra Sekhem.*

Nun spürt wieder die Liebe Gottes, und er oder sie heilt den Emotionalkörper erneut.

Sind noch Wunden darin zu sehen?

Dann bitten wir erneut: *Ich bitte Dich, Gott, durch mich zu wirken, und die Wunde allen Seins zu beheben und mich und meinen Klienten, wenn es erlaubt ist, nun zu erhöhen.*

Ich bitte für meinen Klienten, dass sein Emotionalkörper heilt und dass Gott lenkt.

Ich bin Licht.

3. Der Berg

Der Berg entspricht den Bezugspersonen des jetzigen Lebens. Das kann z.B. der Vater sein. Aber, es ist immer jemand, der Macht auf Dich ausübt. Auch ungelöste Konfliktstrukturen werden sichtbar. Beschrieben wird der Berg aus der Ferne, der Aufstieg zum Gipfel, das Gipfelpanorama und der Abstieg. Dabei zeigt der Aufstieg die persönliche Entwicklung an und wie er seine Aufgaben bewältigt.

Die Steilheit des Weges entspricht dem Ehrgeiz des Klienten.
Der Rundblick auf dem Berg wird gewertet als der geistige Überblick über die eigene innerseelische und emotionale Verfassung. Aber auch als die momentane Einschätzung der jetzigen Lebenslage.

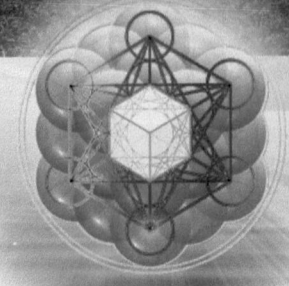

Sprecht erneut:

Gott, ich bitte Dich, den Klienten von allen frühkindlichen Bindungsstörungen zu befreien, lass ihn Deine Liebe spüren. Lass ihn lieben, lachen und atmen im Licht der Einheit.

Ihr könnt auch sagen: *alle frühkindlichen Bindungsstörungen sind Illusionen.*

Lasst dies auch den Klienten sprechen.

Wenn Ihr dann in ein Bild einsteigt, wird sich vermutlich erneut etwas lösen können.

Ihr könntet, um im psychodynamischen Rollenmodell zu bleiben, die innere Mutter des Klienten aufstellen.

Wenn Ihr darum bittet, wird Gott Euch das erlauben.

Ihr könntet zum Beispiel Puppen nehmen oder Gegenstände, die für die Rolle des Kindes und für die innere Mutter stehen. Spürt die innere Mutter, legt zum Beispiel die Hand auf den Gegenstand oder die Puppe, die für die innere Mutter steht.

Wie fühlt sie sich? Wie ist sie? Heil und ganz, liebevoll und zärtlich? Oder „kühler", verzweifelt. Spürt hinein für Euren Klienten.

Der Berg ist ein Motiv aus der Kindheit, denn dort im Leben entwickeln wir die Beziehung zu uns selbst.

Wir sprechen in Liebe: Ich löse mich aus allen frühkindlichen Bindungsstörungen erneut, und ich bin Licht.

Ich erlaube mir den Aufstieg, den Erfolg, und die Liebe und das Licht zu sein, zu verkörpern, zu leben.

Ich bin Licht.

Und wir spüren uns selber.

Gott heilt uns, und wir sind Licht.

Und wir danken Gott und unseren Eltern von Herzen.

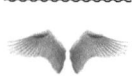

Wie heilen wir den Anteil? Durch Gott selber: wir können zum Beispiel durch innere Bilder den Widerstand des Klienten umgehen.

Überlegen wir eine Parabel – zum Beispiel ein Vogel. Wie sieht er aus? Ist es eine Taube, ein Spatz, ein Raubvogel?

Welche Bilder und Gefühle tauchen beim Klienten auf?

Welche Ermahnungen gab es in der Kindheit?

Welche Freuden?

Spüren wir den Widerstand des Klienten, so nennt sich dies Verschiebung (ins Unbewusste statt auszuagieren) in der psychoanalytischen Sprechweise. Etwas meint etwas anderes zum Beispiel, damit die Realität, die wahren Glückshemmer nicht erkannt werden oder die Realität des Kindes setzt eine sogenannte Deckerinnerung wie Wut vor das eigentliche Gefühl des (emotional) Ausgenutztseins. Auch vor die eigentlichen Gefühle der Trauer. Wir können zum Beispiel etwas „Schönreden" vor uns selber oder anderen, ohne den tieferen Beweggrund unserer Emotionen zu begreifen.
Wir lösen nun alle Verschiebungen und die Deckerinnerungen des Klienten sowie unsere eigenen erneut.

Wir lassen das Bild des Vogels jetzt wieder entstehen und sprechen mit dem Klienten.

4. Das Haus

Das Haus ist mehr als ein Gegenstand, es ist Selbstausdruck. Selbstbewusstsein, Einschätzungen über sich, Vorbewusstes, Ungeklärtes hinterlassen ihre Spuren im Haus. Wir finden zu uns selbst durch Gott und bitten die Engel zu Hilfe, das Haus umfassend zu klären. Keller, Küche, Wohnzimmer, Schlafzimmer, Arbeitszimmer, verdrängte Wünsche werden hervorgeholt, entmustert, und mit Hilfe der Engel und Erzengel, sowie Gottes Wohlwollen geklärt. Wir bitten auch um Unterstützung von Gott selber.

www.christian-huels.de

Ist der Vogel zahm, scheu, frei fliegend? Gefangen? Wie fühlt sich der Vogel? Ist er ein Schwan, eine Ente, oder ein Bussard oder Adler?

Es kann für den Moment auch ein anderes Tier sein, dass ihn selbst oder seine Mutter beschreibt.

In Träumen äußert sich das Unbewusste, und so sind innere Bilder ein wenig wie Tagträume, in denen das Unbewusste mit uns spricht, also die hohe Seele.
Sie atmet im Licht der Einheit. Sie wurde häufig als Vogel dargestellt. Und so sind wir der falkenköpfige Licht-Horus, der uns in die Lüfte trägt.

Wir spüren ihn, wenn wir darum bitten, und auch für den Klienten bitten wir um die Verbindung mit Licht-Horus. Seine Augen leuchten.

Ba Ra Sekhem können wir sagen in mythischer Bedeutung.

Und dies heißt, dass mehr göttliche All-Liebe, Wissen und spirituelle Weisheit durch uns fließt. Ba Ra Sekhem.

Wir sind Gott selber, und wir spüren den Vogel erneut. Hat er sich geändert, ist kräftiger, oder sogar ein anderer Vogel?
Alles ist ok, so wie es sich zeigt. Wir können das Bild ändern. Gott heilt uns und unseren Ba (ägyptisch für Hohe Seele).

Gehen wir in den Keller des Hauses, und wir bitten Gott um Unterstützung, damit es fließender, schöner, berührender wird.

Und wir sind Licht.

Spüren wir auch das Wohnzimmer, und wir sind Licht. Und die Anteile heilen erneut.

Gott heilt unser Haus, wenn er oder sie es möchte, und wir gehen jedes Zimmer durch.

Fühlen wir uns wohl oder gefangen, einsam oder klar, aufgeräumt?

Sind wir gesellig?

Wie sieht das Büro / Arbeitszimmer aus?

Wir bitten in jedem Zimmer um Heilung, zum Beispiel durch einen Engel, und wir sind Licht.

Spüren wir die Veränderungen? Dann genießen wir. Und wir danken Gott und den Engeln. Unsere Liebe zu uns selber heilt, und das Haus ist bereits geklärt worden.

Spüren wir erneut – lässt sich der Vogel verändern? Wie hoch kann er fliegen, wie frei ist er?

Oder liegt er sogar am Boden?

Gott heilt erneut.

Und die Anteile in uns, sie sind Licht.

Wir integrieren sie erneut. Und wieder leuchten die Augen des Horus.

In der Klientenarbeit heißt dies, wir arbeiten solange an dem Klienten und dem Bild des Vogels, bis unser gefiederter Freund abhebt, den Boden verlässt und die Weite einer Landschaft wahrnimmt, sich frei entfaltet. Wie stellen wir dies an?

Durch Gott selber. Wir könnten Erzengel Michael bitten, das Bild des Klienten (oder unser eigenes, falls wir mit uns selber arbeiten) zu heilen.

Zum Beispiel durch folgende Bitte:

Gott, bitte erlaube mir, durch Erzengel Michael das Bild des Klienten (und/oder mein eigenes) zu heilen und zu klären, lass mich die Liebe Gottes spüren und verbinde den Klienten (mich selber) mit der Kraft und der Stärke des Erzengels, damit sich seine/meine Flügel ausbreiten, und Licht und Liebe und Kraft und Stärke sich entfalten.

5. Der Waldrand

Der Waldrand zählt zum Unbewussten. Es kann der Aufenthaltsort von Konflikten – ob Personen, Tiere oder Symbolgestalten sein. Das können Räuber sein oder Riesen, Hexen, oder auch der böse Nachbar.

www.christian-huels.de

Spüren wir erneut das Bild des Vogels (Freiheit, Kraft und Stärke). Hat es sich verändert?

Wir gehen in ein Rollenspiel, um diese Kraft zu festigen. Stellen wir uns vor, wir sitzen in einem Stuhl.
Können wir aufstehen?

Oder sind wir (innerlich) gebunden?

Wir richten uns nun auf. Denn wir sind Gott selber.

Wenn wir stehen, dann sind wir „heiler". Wir heilen unseren inneren Mann, unseren Glaubenssatz, nicht zu genügen. Wir genügen immer (nämlich Gott), und wir spüren einmal, wie liebevoll Gott ist. Und die Liebe heilt.

Wir bitten Gott erneut um Heilung, dann wird unser inneres Kind heil. Spüren wir die Liebe Gottes, sind wir Licht. Unser inneres Kind, sitz es auf dem Stuhl, oder ist es in der Lage, aufzustehen? Und vor Freude die Welt zu erkunden?

Fühlen wir hinein.

Und dies Bild heilt in uns, und Gott lacht.
Wir sind, die wir sind.

Spüren wir, dass das innere Kind noch auf dem Stuhl sitzt, vielleicht unruhig ist? So ist noch etwas zu heilen.

Echte Tiefenpsychologie meint, dass wir die Schrecken der Kindheit in uns verarbeiten und an die Urwunde allen Seins gelangen. Sie meint, Mangel und Gefühle der Abtrennung ertragen zu müssen. Aber sie ist Licht, wenn dies Gottes Wille ist, und so bitten wir um Heilung unserer Transzendenz.
Und ich bin Licht, dies dürfen wir sagen.
Und Gott ist unendliche Liebe und Gnade.
Und so sind wir Licht.
Wir spüren die Liebe Gottes, und sie heilt die Urwunde in der Kindheit bereits.
Und wir spüren dies.

Namasté.

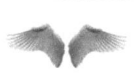

Wir sind, die wir sind.

Und oftmals bringen wir, um im Bild des Löwen zu bleiben, Wut, unterdrückte wie offene, sogar Rachegefühle und Gefühle, wie Zorn, aus der „dunklen" Ecke des Kindes mit.

Wollten wir als Kind andere Dinge als unsere Eltern? Was wollten unsere inneren Kinder?

Geliebt sein. Unter anderem. Sicherlich, vielleicht auch verstanden werden; und dass man sich Zeit für sie nimmt und ihnen sich widmet. Vielleicht wollten sie auch die Dinge anders gestalten als die Erwachsenen, hatten Fragen an Gott und die Welt, die ihnen niemand beantwortet hatte. Vielleicht wollten sie frei sein.

Wir sind Licht und wir steigen. Und wir bitten die inneren Kinder ins Licht.

Manches mal die, die noch hinter dem Rücken warten. Sie haben vielleicht besonders mutig ihren Kopf durchgesetzt und wurden gestraft. Holen wir sie hervor.

Was spüren wir? Vielleicht haben sie nie gelernt, sich durchzusetzen.
Vielleicht sehen wir auch mehrere innere Kinder bei uns oder unserem Klienten. Sie könnten ebenso aus früheren Leben stammen und wollen in dieser Inkarnation wieder geheilt werden.

6. Beziehungs-personen

Beziehungspersonen können sein: Ehe-partner, Freunde, Chef usw.

www.christian-huels.de

Die inneren Kinder sind vielleicht traumatisiert.
Sie hatten eventuell schwere Lebensthemen.

Eventuell wurden sie emotional missbraucht. Dies heißt, und wir sind Licht, dass die Erwachsenen die Kinder subtil für unerfüllte Wünsche nach Nähe, nach Geborgenheit, nach Harmonie in die Rolle des Erwachsenen (der eigenen Mutter oder des Vaters oder des Partners/der Partnerin) drängen. Sie sollen nicht ihre Wünsche ausleben, sondern die unerfüllten Wünsche nach Nähe (auch die subtilen) der Eltern kompensieren. Wir können dies am Bild des Stuhles und des Löwen überprüfen. Wie sieht er aus der Löwe, wenn wir ihm in der Kindheit begegnen?

Hat das Kind Angst?

Kann es sich ihm nähern?

Oder braucht es einen streichelzahmen Löwen (Vater), der es in den Arm nimmt, ohne es zu erdrücken?

Eventuell heilt das Bild bereits durch diese Änderung, eben dass der Löwe streichelzahm ist.

Der Stuhl, wie sitz es sich nun auf ihm?

Kann das Kind vom Stuhl aufstehen? Oder braucht es eine nährende Mutter, die ihm die Fesseln nimmt und auch für Selbstvertrauen sorgt?

Reichen wir uns die Hand, und wir sind Licht.
Reichen wir unseren Bezugspersonen die Hand,
und falls wir Scheu, Abwehr, Wut oder Zorn emp-
finden, dann bitten wir Gott um Hilfe.
Er oder sie gibt dem Gegenüber die Hand, nährt
das Unbewusste in uns, und lässt uns mutig,
selbstbewusst, groß sein.

Spüren wir erneut. Können wir die Bezugsper-
son(en) nun besser verstehen? Ist oder sind sie lieb
und nett?
Dann ist dies Bild geheilt(er).
Wenn wir öfter hineinspüren, dann zeigen sich
andere Menschen; und auch hier gilt: wir bitten
Gott um Hilfe, um den richtigen „Umgang" mit
ihnen zu erspüren.
Wir können hiermit die Realität verändern.
Wir heilen uns selber.

Wir stellen uns einmal vor, wie eine Lösung von scheinbaren Gegensätzen aussehen könnte.

Also zum Beispiel haben wir als Kind die Liebe eines Elternteils (oder beider) nicht voll genossen.

Wir stellen uns vor, wie wir die Mutter der Kindheit und den Vater der Kindheit an die Hand nehmen. Wir ziehen sie förmlich in die Mitte, die innere sozusagen, und spüren dann, auch wenn sie sich in dem Bild wehren sollten, mit Hilfe unseres dritten Auges, mithilfe unserer „ätherischen" Hände, die wir zur Mitte führen, wie eine Lösung aussieht. Wir scheuen uns nicht, beide Hände (auch vor unserem inneren Auge) zusammenzuführen.

Was entsteht?

Was sehen wir? Auch beim Klienten ist dies wirksam; wir können es sogar für ihn entstehen lassen, wenn Gott dies möchte, also seine Hände für ihn zusammenführen, dies kann auch physisch geschehen, wenn er die Erlaubnis gibt; dann nehmen wir sie in unsere Hände und führen sie in (die innere) Mitte. In jedem Fall: Was entsteht?

Vielleicht sehen wir die Großmutter des Kindes, oder den Großvater – er hält oder sie hält die Lösung parat. Es mag ein altes Leben sein, das eine Rolle spielt. Oder es ist etwas aus der Psychologie: zum Beispiel in dem Sinne, dass die Großeltern vorgelebt haben, nicht über

7. Sexualität

Zur Sexualität zählen u.a. der Rosenbusch, die Kutsche und das Auto.

www.christian-huels.de

Gefühle zu sprechen, oder und kongruent: das Kind soll den Erwachsenen gehorchen.

Oder wir sehen einen Elfen, einen Engel, vielleicht Erzengel Raphael.

Wir bitten Gott in jedem Fall um Heilung des Klienten. Was sich zeigt, darf durch den Kanal geheilt werden.

Für „Laien" heißt das, wir bitten Gott, dieses innere Bild zur Heilung zu bringen.

Dies ist wichtig, da sich dann die Heilung des Klienten und der eigenen ungelösten Konflikte aus der Kindheit sowie der Eltern in aller Regel einstellt.

Wir bitten Erzengel Raphael ebenso zur Hilfe, und er wirkt, wenn es Gottes Wille ist.

Sind damit die Projektionen der Eltern auf die Kinder geheilt?

Spüren wir erneut.

Sitzt das Kind auf dem Stuhl, oder kann es ihn freudig verlassen (auch das innere Kind des Klienten)?

Versteckt es sich vielleicht noch hinter dem Stuhl? Dann möchte es vielleicht die Mutti oder den Vati an die Hand nehmen.

Sobald die Projektionen gehen, sind die inneren Kinder gelassen und in Frieden.

Spüren wir erneut. Sind sie dies?

Sexualität ist ein menschliches Gefühl, dem Tierreich sehr verwandt. Es handelt sich um die schönen Dinge des Lebens, und die Sexualität sollte gelebt werden.

Wir können nun die Bilder verstehen, denn wir sind, die wir sind.

Welches Bild zeigt sich?

Lassen wir den Assoziationen freien Lauf, und wir sind, die wir sind, und wir sind Licht.

Können wir ganz Liebe sein und geben?

Und diese auch annehmen?

Verändert sich das Bild?

Verändert sich unser „Schmerzkörper", wenn wir dies Bild heilen?

Spüren wir erneut und bitten Gott um Heilung und Schutz.

Wir lieben uns selbst (– auch im anderen?)

Spüren wir erneut die Liebe Gottes, und sie führt uns zur/m Seleenpartner/in, wenn wir möchten.

Namasté.

Wenn ja, sind sie schon wesentlich heiler. Vielleicht spürt der Klient eine Erleichterung.

Wir spüren nun erneut, wo wir Lernthemen im inneren Kind haben.

Wir sprechen hierzu zum Beispiel:

Ich bin das Ich-Bin-Bewusstsein, und ich bin Licht.

Und wir heilen die inneren Kinder. Sie zu heilen ist ein Geschenk.

Wenn wir noch einmal die Mutter bitten, hervorzutreten (des Klienten oder bei uns selber), was nehmen wir dann wahr?

Ist das Kind verletzt, wünscht es sich mehr Freiheit? Vielleicht bekommen wir ein Bild oder einen Hinweis, warum es verletzt ist.

Ihr müsstet den Klienten jetzt psychologisch begleiten. Dies heißt, sehr versiert über die Situation reden.

Sollte das Kind verletzt sein, spürt das Trauma der Kindheit.

Spürt hinein, und Ihr seid, die Ihr seid.
Und Ihr seid Licht.
Führt den Klienten (oder Euch selbst) in ein inneres Bild.

8. Der Löwe

Der Löwe ist das Symbol für die Aggression, die Durchsetzungsfähigkeit und die Selbstbehauptung.

www.christian-huels.de

Ein Fluss.
Wie breit ist er?
Wie tief ist er?
Steht das Kind / Ihr in ihm?
Sind Steine im Fluss / oder Bach?

Spürt hinein, und bittet die Engel um Hilfe.

Wenn Steine im Fluss sind, wir das Gefühl haben, zu versinken oder dem Fluss nicht gewachsen sind, dann bitten wir Gott um Hilfe.

Ist es kein „friedliches" Gewässer, in dem wir strömen? Was strömt nicht in unserem Leben oder dem des inneren Kindes?

Will es gar nicht „im Fluss" sein?

Dann hat es nicht nur in einem übertragenen Sinne Angst vor dem Strömen des Lebens, es ist vermutlich ein (Schüttel-)Trauma vorhanden. Dies kann durch Stress und Ängste der Eltern induziert werden.

Wir müssten die Angst vor Nähe abtrainieren, die dem vermutlich zu Grunde liegt.

Wir spüren erneut. Was oder wie heilt der Fluss (des Lebens)?

Braucht das Kind Anerkennung?

Wie reagieren wir auf den Löwen? Können wir uns „druchsetzen" im Leben.

Sind wir stark und beziehungsfähig?
Sind wir dynamisch und gehen mit unseren Aggressionen liebevoll um?
Durch Selbstakzeptanz, durch Inschutznahme unseres Ichs (vor In-Dienstnahme zum Beispiel)?
Spüren wir Wut, Verletzung, Zorn in uns (dann kann uns der Löwe auch Angst machen).
Wie ist der geheilte Löwe?
Spüren wir ihn, und Gott heilt.
Wir sind Licht, und der Löwe heilt (in uns).
Ba Ra Sekhem.
Und Merlin, der aufgestiegene Meister, ist, und er hilft. Ba Ra Sekhem.

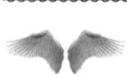

Braucht es viel mehr (Selbst-)Liebe?
Dann bitten wir Gott und die Engel und Erzengel um Hilfe – wie fühlt sich der Fluss nach diesem Bad in Gottes All-Liebe an?

Ist er nun sanfter, strömender, reiner und klarer?
Dann wird das Kind unabhängig.
Dies darf nachwirken.

Alle Übertragungen sind Illusionen, und wir spüren die Liebe Gottes.

Die negativen wie die positiven Übertragungen müssen geklärt werden. So kann ein Elternteil andere Übertragungen auf das Kind machen, als der andere Elternteil.

Erwartungen unterscheiden sich auch nach Geschlecht.

Wir spüren erneut. Ist dies Bild geheilt?

Bekommen wir von der Seele ein Ok, dann dürfen wir Gott danken, und die Engel helfen erneut, um die nächsten Schritte der Einweihung und Heilung zu gehen.

Wir sind Licht.

Und die Engel begleiten uns und machen unseren Weg

9. Das Ideal-Ich

Das Ideal-Ich, (Freud 1923) auch Über-Ich genannt, wird angewendet bei Klienten mit bestimmten Leitsätzen.
Z.B.: Das kann man doch nicht machen, was werden denn die Leute sagen usw.

www.christian-huels.de

reiner und heil. Wir dürfen sie um Erlaubnis fragen. Spüren wir erneut den Fluss, hat er sich nun noch klarer und liebevoller, in ein reines, strömendes Gewässer verwandelt, indem wir uns, und unser inneres Kind sich wohl fühlen?

Was fehlt?

Oft müssen wir uns um unser inneres Kind „kümmern", es liebevoll in den Arm nehmen (innerlich) und ganz lieb bitten, dass es uns sagt, was es wünscht.

Oft sind die Wünsche unterdrückt worden in uns (meist schon in der Kindheit), es sei denn wir öffnen uns Gott selber, dann wird es klar, hell und rein, was unsere Seele sich wünscht, und die Liebe der Seele heilt.

Sie öffnet den Kanal, und wir sind reiner Ba. Wir spüren die Liebe der Seele, und die Heilkraft der Engel, und wir sind Licht. Wir sind, die wir sind.

Spüren wir einmal, welche Wünsche wir unterdrückt hielten. Sind es Wünsche nach Nähe, nach Liebe, sind es Wünsche nach Destruktion (auch dies darf einmal wahrgenommen werden).

Wenn wir noch destruktiv wünschen, dann sind wir zumindest zu einem Teil psychotisch.
Wir stellen uns das Bild eines Löwen erneut vor, um dies zu heilen.

Ich wirke im Licht der Einheit, dies dürft Ihr sagen.
Und ich bin, der ich bin.

Wir lösen unsere Leitsätze, die wir von anderen,
der Gesellschaft übernommen haben; meist
stammen sie aus dem Elternhaus, sind Zuschrei-
bungen, die uns blockierende Gefühle, wie Wut,
Ekelgefühle, Beklemmungen ermöglichen.
Wir lassen sie los.
Gott heilt, und wir sind Licht.
Wir spüren die Liebe Gottes, und wir heilen dies
„Ideal", das wir von anderen übernahmen.
Ba Ra Sekhem.
Spüren wir erneut, und wir sind Licht.
Heilt dies Bild und unsere Glaubenssätze?
Dann sind wir heil.
Ba Ra Sekhem.

Wir bitten, dass alle „Psychosen", „Neurosen" und Bindungsstörungen nun zu Tage treten in uns.

Wie fühlt sich dies an? Sind wir völlig geklärt?

Wie fühlt sich das Bild des Löwen an? Ist er ruhig und friedlich, gelassen. Steht er oder die Löwin? Ist sie oder er kraftvoll, ohne sich über andere zu erheben?

Oder will der Löwe seine Macht demonstrieren?
Wie fühlt sich das innere Kind?

Wir träumen oft von unseren Verletzungen, wenn wir nicht geheilt sind. Wir dürfen beispielsweise Gott und die Engel um Unterstützung und Hilfe bitten, in unseren Träumen Zugang zu unserem Unbewussten zu erhalten – zum Beispiel durch die Bitte um Klarträume.

Bitten wir:

Erzengel Michael, ich bitte dich um Klarträume, auf das meine Seele heil wird im Licht der Einheit. Lass mich meine Träume spüren und erkennen, wo ich Lernthemen habe, und wo ich geheilt bin. Ich wünsche im Licht der Einheit, Liebe, Gnade und Klarheit im Gefühl. Ich bin reinen Herzens, und ich bin Licht. Ba Ra Sekhem (um dies zu betonen).

Die Psychosen heilen, wenn wir Gott darum bitten.

10. Die Höhle

Die Höhle, das weibliche Symbol, kann Schutz bieten vor einer feindlichen Außenwelt. Da sie aber auch der Eingang zum Erdinneren ist, kann hier viel unbewußtes, dynamisches Material lagern.

www.christian-huels.de

Spüren wir erneut die Hinwendung zum Licht durch Gott selber, indem wir Gott in tiefer Liebe und Demut um Gnade und Verständnis bitten:

Wir sind, die wir sind, und wir sind Licht.
Und ich bitte Gott, mein inneres Kind zu heilen, von allen Anhaftungen, Glaubenssätzen, wie nicht zu genügen, „großartig" zu sein, übertriebenem Eifer, Stolz, falschen Wahrhaben, es zu befreien und zu klären.

Wir holen nun unser Innen an die Oberfläche und öffnen uns für die Liebe Gottes.

Es strömt, und wir sind Licht.
Wir lösen allen (antrainierten) Autismus, und Gott heilt uns.

Wir spüren die Psychosen fortan auch beim Gegenüber, denn wir sind Licht und empfänglich, und alle Spiegelneuronen heilen in uns. So spüren wir die Verletzungen, die ungeheilten und ungelebten Anteile, wie das Schöne und Spirituelle im Gegenüber. Wir sind Seismographen der Gefühle, und wenn wir geheilt sind, sind wir dies: liebevoll, demütig und im Glanz Gottes beheimatet.

Wir sind, die wir sind.

Wir heilen unsere Ängste und Vaterthemen, die meist aus der Kindheit unentdeckt in uns „schlummern".

Was spüren wir beim Bild der Höhle? Lässt sie uns in ihr Inneres? Oder strömt aus ihr etwas, das uns Angst, Scham macht?

Dann spüren wir erneut, wie liebevoll Gott und die Engel sind; sie heilen die „Höhle", in der wir „Zuflucht" und „Schutz" finden können.

Wir sind Licht. Und wir spüren die Liebe Gottes. Und sie heilt.

Haben wir Probleme mit Rückzug, Verlassenheits-gefühlen, Wut und Zorn (im Ego), so kann die belastende Energie weichen durch Gott und die Engel.

Wir bitten um sie und spüren erneut.

Ist das Bild aus „Licht" gemacht?

Dann sind wir Licht.

Wir fantasieren, um dies Bild zu heilen. Und lassen es strömen.

Und wir sind Leben.

Wieviel (Angst, Wut, auch unterdrückte, Zorn, Stolz, Glaubenssätze, Eifer und Kümmernisse wie Frohsinn) hat er uns (unseren Klienten) sozial vererbt? Zu wieviel Prozent ahmen wir nach?

Vielleicht wollten wir auch anders als der Vater / die Mutter sein und leben. Dies kann gelingen.

In Wahrheit aber führen Ablehnung von Rollen, Mustern und Glaubenssätze zum Gegenteil, zu neuen Rollenspielen, Ängsten und manchmal Unfrieden im Sein, wenn wir sie nicht vollständig klären.

Wie kann dies psychologisch erklärt werden?
Durch Rollenspiele.

Begeben wir uns in die Position des Vaters.

Können wir sein Glaubenssystem durchschauen?
Blicken wir mit seinen Augen in die Welt. Wie sieht er sie? Ist er angepasst, streng, lässig, gefühlvoll, beobachtend, unterdrückend, wütend auf sich und/oder andere?

Sollten wir oder er unterdrückt worden sein in der Kindheit und Jugend: nehmen wir auch etwas Positives an ihm wahr?

Wir spüren, und lassen uns fallen in die Arme der Seele. Wenn wir etwas wie unterdrückte Wut spüren, auch

11. Der Foliant

Der Foliant ist ein Schriftstück, ein Buch, ein Bild oder Fotoalbum oder ein Gegenstand, z.B. ein alter Teddy, den der Klient ausgegraben hat.

www.christian-huels.de

Stolz, dann bitten wir Gott erneut, dass er unser limbisches System vom Vater klärt und uns von Rollenspielen befreit.

Gott, bitte heile mein limbisches System vom inneren (negativ polarisierten) Vater. Bitte lass mich spüren, wie liebevoll die geheilte Fassung meines Vaters ist oder wäre. Ich danke Dir von Herzen.
(Dies können wir natürlich auch für unsere Klienten bitten).
Vieles kann zu Rollenspielen der Erwachsenen führen, in die die Kinder bereits eingebunden werden. Wir „entstören" diese, indem wir die Rollen zurückgeben, die wir für Vater und Mutter spielen (die vorgestellte Methode nutzen wir auch einmal für die Mutter, wir „setzen" uns auf ihren Stuhl, sehen mit ihren Augen die Welt und heilen durch Bitte an Gott die innere Mutter. Wir bitten, sie zu klären, die „ungeheilte" zu entfernen, und uns vor allem die geheilte spüren und integrieren zu lassen. Wir heilen auch die Wahrnehmung der Mutter auf uns, die oft verzerrt sein kann).
Eine Affirmation kann nun lauten:

Ich gebe Euch Eure Rollen zurück, die ich für Euch gespielt habe. Ich entlasse Euch aus Euren Rollen, die Ihr für mich gespielt habt. Ich gebe auch allen Verwandten, für die ich Rollen spiele oder gespielt habe, nun diese an die Personen zurück. Ich bin frei, frei, ewig frei. Ich stehe nicht mehr zur Verfügung, und ziehe meine Einverständniserklärungen auf der Seelenebene zurück. Ich bin Licht. Ba Ra Sekhem.

*Ein Kind ist ein Engel, es hat Träume, Fantasien,
möchte geliebt sein und den Tag spielerisch
verbringen. Alles kann genossen werden.
Sobald ein Mädchen oder ein Junge etwas
„besitzen", möchten sie es nutzen, und sie dürfen
es „haben".
Es sind Gegenstände, die dem Kind niemand
mehr nimmt.
Manches mal „ahmen" sie Erwachsene nach, dies
darf sein.
Alle Schamgefühle weichen, und wir sind Licht.
Und alle Neurosen gehen, und wir sind Licht.
Spüren wir die Liebe Gottes, und sie heilt.
Und wir sind Licht.
Spüren wir das Bild erneut, und es heilt in uns.
Und wir danken Gott.
Namasté.*

Spüren wir die Liebe Gottes, sie durchströmt uns, und wir sind frei, frei, ewig frei.

Ich bin Licht, um dies zu bestärken.

Ich löse alle Wahrnehmungsverzerrungen in mir, und ich stehe meiner Mutter, meinem Vater (ergänzen durch Bruder, Schwester, Neffen, Enkeln etc.) nicht mehr zur Verfügung.

Ich bin Licht. Ich bin Liebe, ich bin Wille, und ich manifestiere aus dem höchsten Bewusstsein, dass ich Liebe bin.

Alle Rollen sind geklärt. Und ich bin, der ich bin.

Alle Rollenmuster gehen, alle Glaubenssätze heilen, tiefe Traumen gehen, und wir sind, die wir sind. Wir sind Licht.

Wir sehen nun umgekehrt die Prozentzahl der vielleicht immer noch vorhandene Nachahmung des Vaters vor unserem geistigen Auge, alternativ kann sich auch ein Glas mit Wasser zeigen, indem wir die Füllmenge erkennen. Wie voll ist das Glas (auch beim Klienten)?
Oft unterschätzen wir dies, denn wir sind zu einem Teil wie unserer Eltern, auch wenn wir dies ablehnen sollten. Akzeptanz schafft Nähe und inneres Wahrhaben. Und wir sind Licht.

12. Die besonderen Flüssigkeiten

Die magischen Flüssigkeiten – Wasser, Milch, Speichel, Blut und Urin – entfalten in der Therapie eine nicht erklärbare Wirkung. Sie werden deshalb von vielen Wissenschaftler als Placeboeffekt abgelehnt.

Besonders das imaginäre Wasser ist hochwirksam. So können wir damit heiße Umschläge machen oder Kneipanwendungen oder baden und schwimmen.

www.christian-huels.de

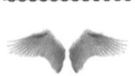

Wir können auch unterscheiden zwischen den negativ polarisierten Eigenschaften und Glaubenssätzen, und den positiven, die wir nachahmen. Wir können uns nun also nacheinander zwei Gläser vorstellen.

Wie voll ist das Glas der positiven wie der negativen Eigenschaft, die wir nachahmen?

Spüren wir die Prozentzahl?

Welches Gefühl baut sich in uns auf? Vielleicht erkennen wir, welche es sind.

Wenn wir bei Null Prozent sind, haben wir, rein theoretisch, „gewonnen".

Wieso ist das so?

Wir können durch Nachahmung unser Leben gestalten. Dann machen wir nahezu „identische" Dinge, wie die Eltern. Simpel formuliert, ist das Gescherr wie der Herr?

Wollen wir dies?
Oder hinterfragen wir dies?
Was will unser inneres Kind?

Spüren wir die Liebe der Seele? Sie heilt uns und unser inneres Kind von einem Zuviel an Nachahmung, damit wir authentisch leben.

Gott heilt in uns, und wir sind reine Transzendenz.
Wir sind Liebe, Licht und Wille, wir sind, die wir sind.
Und wir sind Leben.
Und alles in uns ist heil.
Wir erlauben dies, da zu sein.
Und wir sind Licht.
Spüren wir die Liebe Gottes, und sie heilt uns, auch als Kind bereits.
So baden wir im Licht der Einheit.
Und wir sind Licht.
Wir „wickeln" uns imaginäre Umschläge und baden im Wasser des Lebens.
Und alle unangenehmen Gefühle weichen, und wir sind Licht. Wir dürfen dies öfter tun. Und wir sind Licht. Ba Ra Sekhem.
So spüren wir die Liebe Gottes, und sie heilt uns. Ba Ra Sekhem.
Baden wir oft im Licht der Einheit.

Bei „Null Prozent", leben wir authentisch(er), weil wir keine Ängste, Glaubenssätze, keine Muster, die uns Eltern, manchmal auch Lehrer oder Mitschüler übertragen haben, leben. Wir sind Licht.

Und wir sehen uns selbst als inneres Kind. Welche Traumen lebt es?

Das Trauma des Nicht-Gesehen-Werdens führt manchmal sogar zu Depressionen.

Wurde es gesehen in der Kindheit?

Wie fühlt es sich, was vermisst es? Möchte es etwas, „um zu" (Genügen, Anerkennung und Liebe zu erlangen, oft auf Umwegen, zum Beispiel durch sportliche Erfolge oder berufliche beispielsweise)? Dies kann auch subtiler sein.

Will es die Liebe Gottes erlangen? Die doch immer da ist.

Was braucht es?

Und wir geben ihm dies. Liebe, Verständnis und Weisheit.

Lasst auch Gott das Kind heilen.
Es heilt, darum bitten wir.

13. Der Baum

Dazu kommen noch die Symbole eines Baumes oder einer Baumgruppe, einer Tierfamilie, eines gläsernen Leibes, um nur einige zu nennen. Hierbei bedeutet der Baum Lebensenergie, Verwurzelung, Freude.

www.christian-huels.de

Gott, bitte heile mein inneres Kind erneut, kann eine Bitte lauten.

Ist es nun authentischer, freier, und wie bringen wir das Glas auf null Prozent (annähernd)?
Will das innere Kind dies?

Warum möchte oder wollte es wie Vater oder Mutter „sein"?

Wir bitten die Engel um Gnade, und bitten, dass unser Vater heilt.

Hat er uns geliebt, für das, was wir sind?

Wir spüren, wie sich das Glas leert, wenn wir die Engel darum bitten.

Unsere Glaubenssätze weichen erneut.
Wir sind Licht.

Wir überprüfen nun die Mutter.

Ist sie „voll" von inneren Zwängen, unterdrückter Wut oder Stolz?

Will sie uns „ihren Willen aufzwingen", in übersteigerter Form, oder lässt sie frei.

Der Baum ist Licht, und wir sind Leben.
Spüren wir die Liebe, und die Liebe heilt uns.
Sie heilt unser Innen.
Und wir sind, die wir sind.
Wie ist der Baum?
Ist er wunderbar?
Und schön?
Können wir ihn berühren?
Machen wir dies häufiger.
Wir bitten Gott um Heilung des Baumes, und wir sind Licht.
Spüren wir erneut.
Sind wir „Licht"?
So heilen wir im Licht der Einheit, und die Erde ist Leben, und sie heilt erneut in uns.
So spüren wir den Baum erneut, ist er nun „stämmig", füllig, ohne dürre Äste und voller Blätter?
Dann ist dies Bild geheilt.
Namasté.

Denn Kinder sind wie Pfeile. Die Eltern spannen den Bogen und lassen den Pfeil zu gegebener Zeit los. Dann fliegt er geradewegs auf das Ziel: Das eigene Leben der Kinder in Würde.

Wie voll ist das Glas? Zu wieviel Prozent ahmen wir die Mutter nach, wollen es ihr gleichtun?

Sind es 10 oder gar 100%?

Spüren wir erneut, es baut sich das innere Bild auf. Nun spüren wir, ob wir uns damit frei oder eingeengt, festgelegt fühlen.

Wie fühlt es sich an „zu Mutter" zu werden?

Wir schütten das Glas nun aus und spüren erneut. Geht dies, oder hält das Kind fest?

Aus einem inneren Grund, will es vielleicht festhalten an Glaubenssätzen oder die Liebe der Mutter gewinnen. (So des Vaters).

Kann es das Glas ausschütten und die Nachahmung sein lassen?

Nun strömt die Kraft der Engel durch uns, und wir spüren: wo hält das innere Kind, der innere Erwachsene fest? Er oder sie möchte vielleicht nicht sein eigenes Leben verwirklichen.

14. Das Sumpfloch

Das Sumpfloch hängt mit der Sauberkeits-
erziehung zusammen. Es hat aber auch die
Bedeutung - Sexualität - Schmutzig - bä!
Und man kann feststellen, wie dynamisch
dieses betreffende Material noch ist.

www.christian-huels.de

Was ahmt „Es", das Unbewusste, in uns nach?

Bringen wir das Glas in Liebe zu einem Engel, und er kann es nun in die Hände Gottes geben, und wir spüren eine Erleichterung.

Alle Psychosen heilen erneut, und wir sind, die wir sind. Ahmt es auch die Traurigkeit der Mutter nach? Oder des Vaters?

„Springen wir über unseren Schatten" und lassen die Mutter Mutter, den Vater Vater sein.

Wir dürfen erfolgreich leben.
Und wir sind, die wir sind.
Sind die Gläser nun leer?

Wir geben auch alle Verantwortung zurück, die wir (subtil) für die Eltern, ihr Glück und Heil übernommen haben.

Eine Bitte kann lauten:

Ich gebe Euch Eure Verantwortung zurück, die ich für Euch übernommen habe. Ich bitte Gott, mich zu heilen von allen Bedürftigkeiten, die im limbischen System für Ängste sorgen (nicht zu genügen, nicht genug zu sein, zu haben, sich nicht besser, klarer und erfolgreicher als der Vater und/oder die Mutter fühlen zu dürfen und zu sein).
Ich bitte um Schließung der Urwunde allen Seins.

Das Sumpfloch heilt.
Sollten wir „Angst", Scham oder Ekel empfinden
beim Anblick des Bildes, so lösen wir alle „Komple-
xe" in uns.
Wir dürfen Liebe und Licht sein.
Und wir lösen alle Bänne und Flüche aus früheren
Leben, und wir sind Licht.
Der Heilige Gral wirkt, und wir sind Licht.
Wir heilen und spüren das Bild erneut.

Ist es nun „erträglich", können wir uns in das
Sumpfloch begeben?
Und fühlen wir uns wohl?
Dann sind wir heiler(er).
Ba Ra Sekhem.
Und alle Schamgefühle weichen erneut.
Ba Ra Sekhem.

(Auf diesem Planeten Abtrennungen und Leid erfahren zu können). *Ich danke Dir, Gott, der ich in Wahrheit selbst bin.*

Also tat ich mir alles selbst an, alles Leid, allen Kummer, allen Schmerz, alle Trauer, und ich übernehme die Verantwortung für mein Leben und nicht für das der anderen. Ba Ra Sekhem.

Und die Einheit ist.

Wir spüren, ob wir alle frühkindlichen Störungen und Schwächen, alle Traumen in uns (unseren Klienten) gelöst haben.
Übernehmen wir (subtil) das Leid der Eltern?
Spüren wir erneut.
Sind wir innerlich frei, frei, ewig frei?

Wenn wir ein inneres „Ja" spüren, sind wir geheilter.
Wenn wir Zweifel und/oder Traumen in uns hochkommen sehen, dann sprechen wir erneut:

Ich bin das Ich-Bin-Bewusstsein, ich bin Licht und Liebe, Wille und Weisheit, ich erlaube mir das Channeln, und ich und mein inneres Kind, wir gehen den Weg gemeinsam. Wir sind Licht, Ba Ra Sekhem.

Wir sprechen ebenso:

15. Das Meer

Das Meer ist das Symbol des Unbewussten. Es symbolisiert positive wie auch negative Eigenschaften und hat starke therapeutische Wirkung. Eine Woche imaginäres Schwimmen kann Depressionen abbauen.

www.christian-huels.de

Alle frühkindlichen Bindungsstörungen sind Illusionen.
Alle frühkindlichen Bindungsstörungen sind Illusionen.
Ich bin Glück und frei.

Spüren wir erneut: sind die Gläser geleert?

Ist der Fluss geheilt, in dem wir und unser inneres Kind stehen?

Ist der Löwe geheilt(er)?

Ist die Blume geöffnet und blüht?

Sind wir heil?

Wir sind der Pfeil, um in dem Bild zu bleiben, in dem Sinne, dass unsere Eltern uns alle Hilfe geben, um gesund, eigenständig, und liebevoll das eigene Leben zu leben und die Gestaltung uns selbst überlassen.

Fliegt also der Pfeil? Oder ist er noch am Bogen haftend, gar nicht gestartet? Wir lassen uns auch selbst frei. Dies dürfen wir betonen.

Dies können wir auch für eventuell vorhandene eigene Kinder und Enkel überprüfen.

Wir sind Licht.
Fliegen die Pfeile?

Das Meer wirkt in uns.
Und wir leben im Licht der Einheit.
Spüren wir die raue oder die liebevolle See?
Dann baden wir und Genuss sei.
Wir gehen ins Meer, tauchen, schwimmen, freuen
uns.
Und falls das Meer rau, unangenehm wäre, bitten
wir Gott um Heilung.
Und wir sind Licht.
Ba Ra Sekhem.
Spüren wir erneut; wird es leichter?
Und Genuss sei erneut.
Und wir schwimmen.
Ba Ra Sekhem.
Falls wir noch nicht wollen, dann bitten wir Gott
erneut um Hilfe und das Gefühl des Genusses
stellt sich ein. Ba Ra Sekhem, und wir sind Licht.
Ba Ra Sekhem.

Sollte ein Pfeil nicht fliegen, spüren wir erneut: Wo haben wir Scheu, Angst uns selbst zu zeigen, und ganz zu leben, unseren Wünschen, seien sie auch noch so klein, Raum zu geben?

Spüren wir uns ganz?

Wenn dies nicht der Fall sein sollte, bitten wir erneut die Engel und Erzengel zu Hilfe und um Rat.

Gott, in tiefer Liebe und Demut bitte ich Dich, der ich in Wahrheit bin, um tiefe Selbstliebe. Bitte löse alle Ängste, Angstneurosen, alle Blockaden im Stirnchakra, Halschakra, im Denken und Fühlen. Lass mich strahlen, und mein Licht heilt. Ich bin, der ich bin, und ich bin Licht.

Wir können auch sagen, *alle Psychosen, Neurosen, Bindungsstörungen sind nie gelebt worden.*

Ich danke Gott und den Engeln und Erzengeln und ich bin Licht.
(Auch dies können wir für die Klienten erforschen und die Bitten und Affirmationen an Gott richten).

Wir überprüfen erneut, wo wir noch Glaubenssätzen von anderen leben, auch subtile (Ängste und Zwänge). Was steht der All-Liebe (Gottes) im Weg, die wir doch sind oder sein sollten?

Haben wir Angst uns zu zeigen, zu „erblühen"?

16. Der Vulkan

Der Vulkan besitzt das Phänomen, zu den absolut tiefsten Schichten eine Verbindung zu haben. Seine symbolische Bedeutung liegt im Freiwerden von extrem aggressiven Impulsen. Deshalb wird er zum Abreagieren von starken aggressiven Impulsen verwendet. Dadurch können die inneren aggressiven Erregungen – meistens extreme Wut – abreagiert und abgebaut werden. Der Klient rastet aus. Beim Einsatz dieser Therapiemöglichkeit entstehen beim Klienten keinerlei Schuldgefühle. Und er kann alles, was ihn wütend macht, in den Krater werfen. Dabei spielt es keine Rolle, ob dies Sachen sind oder Tiere, Symbolgestalten oder auch Menschen, die er abgrundtief hasst. Der Hass verfliegt und der Vulkan erlischt. So besteht jetzt wieder die Möglichkeit, normal weiter zu arbeiten. Beim Sumpfloch, dem Meer und dem Vulkan wird fast der gesamte Abwehrmechanismus unterwandert und außer Kraft gesetzt. Deshalb kann es hierbei auch zu heftigsten Reaktionen kommen.

Dann sprechen wir in Demut:

Gott, bitte löse alle übernommenen Glaubenssätze, die ich selbst manchmal nicht erkenne. Lass mich Deine Liebe spüren, und heile mein inneres Kind erneut. Ich bin Licht. Lass mich alle „Psychosen", „Neurosen" bei mir und meinen Klienten spüren und wahrnehmen. Lass mich in tiefer Liebe und Demut ausschließlich dem Licht und Gott, also Dir selber, dienen. Ich bin, der ich bin. Und ich bin Licht.

Alle Psychosen sind Illusionen, alle Bindungsstörungen sind Illusionen, alle Neurosen sind Licht. Die Dunkelheit geht, und wir sind, die wir sind.

Wir leben Bezogenheit und Liebe, und die Liebe Gottes heilt. Und wir sind Licht.

Fühlen wir uns frei und geborgen?
Fühlen wir uns geliebt von Gott?

Wir stellen uns einmal Gott als Bild vor.
Wie sieht dies Bild aus?
Was sehen wir? (Diese Fragen dürfen wir unseren Klienten ebenso stellen).

Ist Gott ein Mann?
Oder eine Frau?
Ist sie oder er liebevoll, gütig, oder zornig, streng?
Spüren wir seine/ihre Liebe?

17. Farbiges Licht, Musik Rhythmus

Sehr suggestiv.
Es arbeitet mit dem Widerstand des Klienten
und verändert die Wahrnehmung. Ist die Welt
fröhlich, „magisch", bedeutsam?
Spüren wir hinein und fallen in die Arme
Gottes.
Ba Ra Sekhem.

www.christian-huels.de

Spüren wir erneut. Wie heilt es?
Durch Gott selber, der wir in Wahrheit sind.
Unser Gottesbild heilt.

Wir bitten Gott in tiefer Liebe und Demut um Frieden, Glück, und Zufriedenheit, und dann sind wir dies: Liebe und Frieden. Spürt die Liebe Gottes und sie heilt. Dann sind wir rein und heil. Wir sind, die wir sind.

Alle Trennungen gehen in uns, alle Traurigkeit, auch die übernommene, weicht, und wir sind Glück und Frieden.

Wir könnten auch sagen, dass wir die Elementale (die wiederkehrenden Gedankenmuster, die „dunkel", abgetrennt, nicht in der Fülle und Angst oder Neurose sind) ablegen.

Gott, bitte lösche alle Elementale in mir. (Und meinen Klienten).
Und wir sind Licht.

Spürt die Liebe Gottes und sie heilt erneut.
Ist unser Gottesbild nun geheilt und in Freude?
Spüren wir die Liebe, die wir in Wahrheit sind?

Und unsere Elementale weichen.
Wir sind Licht.

Alles ist Licht.

Gott selber

*Farbiges Licht kann ein Gradmesser sein und uns
Einheitsgefühle bescheren.
Es ist visuell zu gestalten. Welche Farbe hat es?
Ist es strahlend hell?
Weiß, violett, rosa, blau oder gelb?
Bitten wir Gott um Heilung auch des Klangs, den
wir vielleicht wahrnehmen, damit sich alles zum
höchsten Wohle aller fügt und wir ganz Licht sind
und heil. Spüren wir dies?
Genießen wir das Licht?
Dann ist es in Ordnung.
Genießen wir etwas nicht, bitten wir einen Engel
und / oder Meister des Lichtes zu uns, der uns
unterstützt und dies Licht erhellt sich zum Glanz
Gottes in uns.
Ba Ra Sekhem.
Wir können zum Beispiel Jesus bitten, und das
Licht heilt in uns.
Ba Ra Sekhem.*

Wir danken den Engeln und Erzengeln und Gott selber, den aufgestiegenen Meisterinnen und Meistern, und wir sind Licht.

Unser Innen heilt, sobald wir katathymes Bilderleben nutzen, um uns selbst (und andere) zu berühren mit unserem inneren Frieden.

Jetzt heilen frühere Leben, denn diese sind zu entstören im Zuge des so genannten Aufstiegsprozesses. Das heißt, wir klären uns selber.

Alle Anteile in uns heilen.

Und wir sind, die wir sind.

Wir bitten Gott, alle Besetzungen in uns zu lösen und bitten um die Hilfe der Engel und Erzengel, die dafür zuständig sind.

Sollten wir beginnen mit der Spiritualisierung, dann bitten wir um einen Vorschuss, den uns Gott und die Engel geben.

Wir bitten durch Gott, alle Besetzungen in uns zu erlösen, und wir sind Licht.

Alle Besetzungen sind Licht.

Und wir sind Leben.

18. Leitfiguren

Sehr suggestiv. Dazu zählt der Innere Führer oder Schrittmacher. Dies sind Symbolgestalten (Leitfiguren), die den Klienten Vertrauen einflößen, hilfreich und freundlich sind. Immer! Es können Menschen (der Bote, der alte Weise), Tiere (Pferd, Hund, Adler, Delphin) oder mythologische Figuren sein. Auch der Verbündete als Leitfigur zählt dazu. Alle besitzen „das Wissen um den rechten Weg." Sie sind jederzeit aufrufbar und handeln völlig autonom. Sie können eine leitende Funktion übernehmen. Dabei sind sie therapeutisch wertvoll – sie führen auf fixierte Bilder hin, auf emotionale Erlebnislücken oder auch auf neue Ansätze und Wendungen und zu symbolischen Problemlösungen. Dadurch kann der Klient von vielen einengenden Situationen befreit werden.

www.christian-huels.de

Wir machen nun Energieversöhnungen mit eventuellen Besetzungen; mit Menschen die aus früheren Leben stammen, und denen wir etwas antaten.
Wir klären die Ursachen und bitten erneut Gott um Hilfe und Verständnis.
Wir sind Licht.
Wir lösen alle Bänne auf uns durch Gott selber und wir sind, die wir sind.

Alle Bänne weichen.
Und Isis, die Göttin aus Ägypten, wirkt in uns. Sie löst Flüche und Verstrickungen, die wir mit Magien hatten. Ob in diesem oder früheren Leben.

Und auch der heilige Gral wirkt, um alle Bänne, Zaubereien, Ortsbänne, Haltemagien und Voodoomagien zu entzaubern und zu lösen.

Wir lösen erneut alle Bannsprüche, die jemals auf uns gegangen sind, und die wir gesendet haben, und wir sind Licht.

Die weiß-violette Flamme leuchtet und heilt uns von Anhaftungen; sie durchströmt uns und unseren Kanal, und wir heilen.

Alle Bänne gehen, alle Magien und Zaubereien weichen, ob aus diesem oder aus früheren Leben.
Ba Ra Sekhem.
Und wir spüren die All-Liebe Gottes.

Bitten wir Gott um Heilung unserer Ahnenthe-
men. Und wir sind heil. Hinter all den Kulissen ist
nur Gott, und wir sind Gott.
So ist Gott, und wir sind Gott selber.
Spüren wir die Liebe Gottes, und sie heilt.
So sind alle Besetzungen zu lösen, und alle
schlechten Gefühle zu heilen, und sie sind Licht.
Und so wir.

Spüren wir die Liebe Gottes, und wir sind Licht.
Ba Ra Sekhem.
Bitten wir Erzengel Metatron zu Hilfe, und alles,
das festhält, geht in das Licht der Einheit, Ba Ra
Sekhem.
Und wir sind, die wir sind.
Wir sind Licht.
Spüren wir Gott selber, und wir sind Licht.

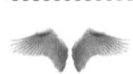

Wir sind frei, frei, ewig frei.

Die Besetzungen weichen erneut, und die Energiever-
söhnung dazu ist bereits gesagt und erledigt.
Wir lösen die Siegel Salomons und wir sind Licht und
frei.

Ägyptisch: Ba Ra Sekhem.

Alle Siegelmagien weichen, und erneut wirken der heilige Gral und die Isis.

Spüren wir Erleichterung?

Oder baut sich ein Bild auf, das auf uns verzerrt wirkt?
Wir überprüfen dies.

Wirkt etwas aus dem Mittelalter auf uns? Alte Bänne
und Flüche weichen erneut.

Und wir sind Licht.

Sieht das Bild reiner aus, falls es verzerrt war?

Was haben wir wahrgenommen?

Wir sprechen:

*Ich bin Ba Ra Sekhem, und ich bitte Gott in tiefer Liebe und
Demut, alle magischen Manipulationen aus allen Zeiten*

Bitten wir um die Hilfe und Unterstützung der aufgestiegenen Meister, der Engel und Erzengel, so werden wir die Liebe Gottes fühlen.

Ba Ra Sekhem.

Spüren wir, wo wir Lernthemen haben, und wir sind Licht.

Wir heilen erneut im Licht der Einheit, und alle Besetzungen sind Licht.
Und wir leben im Licht der Einheit.
Und wir sind Licht.
Ba Ra Sekhem.
Und die Einheit ist, und sie ist in uns selbst zu erleben.
Spürt die Liebe der Engel und Erzengel, und sie behüten Euch, wenn sie sollen. Bittet sie um Hilfe und um Schutz.

zu entfernen und mich aus allen alten Bännen, Hexenver-
folgungen, Hexen- und Voodoo- und Teufelsmagien zu be-
freien, auch Bannsprüche weichen und alle Runenmagien,
die auf mich gegangen sind, alle Flüche ebenso.
Und ich bin Licht.

Spürt die Liebe Gottes und bittet erneut:

Ich bin Liebe, ich bin Wille, ich bin Weisheit, und ich erlaube
mir selber, zu allen Zeiten Licht zu sein.
Ich bin Licht.
Ba Ra Sekhem.

Die heilige Barke leuchtet. Und wir sind, die wir sind.
Auch alle Magien, die wir im Feld haben, die noch nicht
erkannt wurden, werden erhellt, erkannt und geheilt,
Ba Ra Sekhem.

Und die heilige Barke leuchtet.

Isis weist uns den Weg, und wir bitten sie, uns aus allen
Siegeln zu befreien, die jemals auf uns gesetzt wurden,
aus allen Bännen, Ortsbännen, Hexenzaubern und Flü-
chen, sie weichen erneut.

Alle schwarzmagischen Schwüre öffnen sich, und sie
gehen.
Und wir sind geschützt.
Ba Ra Sekhem.

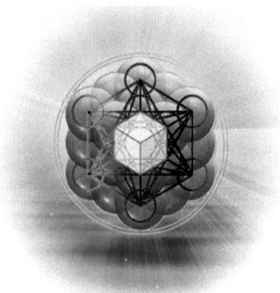

Zum Beispiel durch folgende Bitte:

Ich bin Licht, ich bin Liebe, ich bin Wille, ich bin, der ich bin, und ich bitte die Erzengel Metatron, Raphael, Uriel, Sandalphon, Gabriel, Zadkiel, Zafkiel, Michael und alle Engel und weiteren Erzengel, wie Ariel, Haniel, und andere um Hilfe und Unterstützung.

Ich bitte Gott in tiefer Liebe und Demut, dass ich heil sei in allen Bereichen meines Lebens.
Und ich löse alle Bänne in mir, alle Ortsbänne, Haltemagien, alle Voodoo- und Hexenmagien, Zaubereien, weiße Magien und Rituale (aus früheren Leben; siehe S. 87) und ich bin Licht.
Ich spüre die Liebe Gottes, und alles heilt; ich bin, der ich bin. Ba Ra Sekhem, um dies zu betonen. Ba Ra Sekhem. Und die heilige Barke leuchtet. Spürt die Liebe Gottes, und sie heilt.

Alle Zaubereien lösen sich erneut auf, und wir sind, die wir sind.

Ba Ra Sekhem.

Der heilige Gral wirkt und wir sind Leben.

Und alles, das, was wir jemals anderen taten, kann zu uns zurückkehren. Und so lösen wir alle Versprechen, alle Flüche, die wir selbst sandten, alle Magien aus dem Ahnenfeld, alle schwarze Magien weichen, und wir sind Licht.

Spüren wir Erleichterung?

Wenn ja, hat sich das Bild verändert. Ist es noch vorhanden? Vielleicht in Form eines Zauberers aus früheren Leben?

Dann bitten wir erneut:

Bitte, Gott und bitte, Isis, löse alle Spiegelmagien erneut und ich bin, der ich bin.

Und Gott lenkt.

Spüren wir nun Erleichterung und Frieden; ist das Bild beruhigt?
Dann lösen sich alte Zauber, Bannsprüche, Hexenmagien, und wir sind frei, frei, ewig frei.

Aufgestiegene
Meister

wie Kuthumi, Serapis Bey, Merlin, St. Germain, Lady Nada, Jesus Sananda, Kuan Yin, helfen uns, wenn wir sie darum bitten. Und so bitten wir um die Unterstützung der Meister.
Meister Kuthumi, bitte heile mein Herz, kann eine Bitte lauten. Es wird lichtvoller, wenn Gottes Wille geschehe.
Diese Karte kann ein wahrer Segen sein.

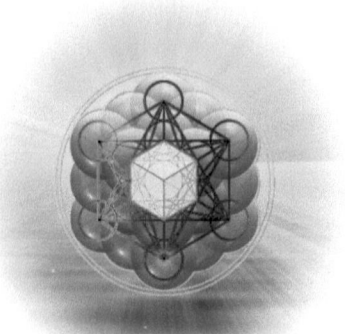

www.christian-huels.de

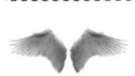

Alle Bürden weichen, die wir jemals (für andere übernommen haben).

Alle Gewänder (der Dunkelheit – aus dem Mittelalter,
der Antike, usw.), sie weichen in uns, und wir sind Licht.
Wir tragen das Lichtgewand. Und wir danken der Seele
und den aufgestiegenen Meisterinnen und Meistern
für Heilung und Getragensein. Ba Ra Sekhem.
Und alle Flüche gehen.

Stehen wir nun vor einem neuen Bild: Einem Berg.
Spüren wir, wie er aussieht?

Wir sind, die wir sind.
Und wir spüren die Liebe Gottes.
Das innere Kind heilt.

Wie sieht der Berg aus?
Ist er leicht zu erklimmen? Gelingt der Aufstieg?
Oder ist er steil und nicht zu besteigen?
Wie weit kommen wir?

Wir sind Licht.
Und Gott heilt.

Spüren wir den Berg und die lichtvolle geistige Welt.
Sie meistern jeden Anstieg.

Wie wird der Berg nun bestiegen?
Sind wir oben angekommen?

Engel und Erzengel weisen uns den Weg.
Und wir bitten in tiefer Liebe und Demut darum.
Ich bitte die Engel zu Hilfe, kann eine Bitte lauten.

Ich bin Licht, ich bin Liebe, ich bin Wille und Gott
selber, und ich manifestiere aus dem höchsten
Bewusstsein, dass ich Liebe bin und ausschließlich
Gott und dem Licht diene. Ba Ra Sekhem, und ich
bin Licht.

Und die inneren Kinder heilen.

Wir spüren die Liebe Gottes und bitten Gott (uns)
zu heilen. Gott heilt in uns. Und wir sind Licht.

Namasté.

Wenn nicht, dann heißt dies, das eventuell Angst vor Nähe, Angst vor Erfolg, Macht und Angst vor dem Vater die Oberhand haben. Wir können sagen, dass es bei dem Berg um einen Machtkonflikt geht. Wie stehen wir zu Autoritäten? Dürfen sie uns Vorgaben machen und am Erfolg hindern?

Lassen wir uns „binden"?

Dann sprechen wir in tiefer Liebe und Demut:

Ich bin das Ich-Bin-Bewusstsein, und ich channel in der Reinheit des göttlichen Bewusstseins; ich bin Licht, ich bin Liebe, und ich bin Wille, und ich bin Gott selber. Gott, bitte erlaube mir, das Lernthema Macht und Fülle in Liebe zu transzendieren.
Ich bin Licht, und Macht als Licht.

Können wir nun den Gipfel erklimmen?
Was fehlt eventuell (zum Erfolg)?

Brauchen wir mehr Durchsetzungskraft, oder Ruhe und Frieden?

Wir bemerken, wie macht- und kraftvoll wir in Wahrheit sind.

Und dann spüren wir die Liebe Gottes, und wir erreichen unsere Ziele in Liebe und Frieden.

Heiler im Herzen

wie die aufgestiegenen Meister, Jesus Chris-
tus Sananda zum Beispiel, sind Vorbilder und
helfen. Sie heilen Dein Herz, denn Du bist ein
Heiler.
Ägyptisch: Ba Ra Sekhem.
Und die Liebe Gottes heilt.
Sie heilt die Herzen und das Gehirn.
Und wir sind Licht.
Wir sprechen:
Ba Ra Sekhem. Und wir sind Licht.
Gott ist, und wir sprechen: *Ich bin, der ich bin.*
Ba Ra Sekhem.

www.christian-huels.de

Der Macht- / Ohnmacht Konflikt (unbewusst), kann aus der frühen Kindheit stammen, als Autonomietriebe des Kindes unterdrückt wurden. Oft wird dies mit der Reinlichkeitserziehung in Verbindung gebracht, und auch hier spüren wir ein Bild.

Wie lief diese?

Waren Ohnmachtsgefühle beteiligt?

Das Bild einer Erde, die feucht und „dreckig" ist, baut sich auf.

Wie begegnen wir ihr?

Was fühlen wir – Abscheu, Ekel? Wut und Trauer?
Alles darf da sein.

Und dann fühlen wir vielleicht auch unterdrückte Wut.
Auch sie dringt nach oben, falls sie da ist.

Ist sie sogar gegen Vater oder Mutter gerichtet?
Können wir, um im Bild der Erde zu bleiben, diese „genießen"?

Was hält uns ab?

Es entsteht ein weiteres Bild, völlig frei assoziiert.

*Wir sind Licht. Bitte geliebte aufgestiegene Meister/innen, heilt uns, so kann eine Bitte lauten.
Und wir sind Licht.*

Eine weitere:

*Ich bitte Jesus, Kuthumi, Lady Nada, St. Germain, Hilarion, Paolo Veronese, Weiße Büffelkalbfrau, Serapis Bey, Meister Lanto, und die anderen aufgestiegenen Meister/innen, mich zu begleiten, mein Herz zu heilen, und mich zu lehren, wie ich mich „besser lebe". Gottes Wille geschehe.
Ich heile mein Gehirn, und Lady Nada reicht mir die Hand. Und wir sind Licht. Und die Anteile heilen.
Wir sind, die wir sind.
Und wir sind Ba Ra Sekhem.*

Namasté und wir danken.

Es kann ein Mensch, ein Mann, eine Frau sein, die uns abhält, uns völlig frei zu leben, und unseren Wunsch nach Autonomie auch unbewusst im Zaum hält.

Wie lösen wir dieses „Phantasma", das wir vor unserem geistigen Auge sehen?

Wir lösen nun alle „Verschiebungen ins Unbewusste", und alle „Verdichtung".

Brauchen wir Macht, um das Phantasma zu greifen und zu lösen?

Gott gibt sie uns – und vielleicht benötigen wir einen Gegenstand, ein anderes Gefühl, Gleichmut, Gelassenheit, Nähe und Wärme.

Dann dürfte sich dies Bild auflösen.

Wir spüren unser inneres Kind. Es will greifen, begreifen.

Löst sich die Trennlinie zwischen uns dem Bild, zwischen uns und der Erde? Oder braucht es noch eines Schrittes.

Dies überprüfen wir auch beim Klienten.

Sind uns „die Hände" gebunden? Bei einigen sind es die Glieder.

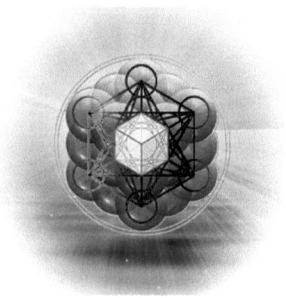

Wir danken den Meisterinnen und Meistern. Und wir sind Ba Ra Sekhem. Spüren wir die Liebe Gottes? Und sie heilt.

Sieh ehielt Traumen und Verletzungen auch aus früheren Leben, und wir sind, die wir sind. Ewig heil, und wir sind Licht. Ba Ra Sekhem, um dies erneut zu betonen.

Gott lenkt, und wir legen all unser Sein in seine Hände, der oder die wir in Wahrheit selbst sind. Und wir danken erneut. Ba Ra Sekhem.

Namasté.

Wir spüren die Liebe Gottes und wir sind Licht, und wir sind, die wir sind.

Alles in uns darf da sein.
Und wir sind Licht.

Ba Ra Sekhem. Ägyptisch – für Hohe Seele, Höchstes Selbst, Bewusstsein und Lebenskraft.

Spüren wir eine Veränderung?

Oder spüren wir „Bindungen" in uns, die uns etwas verweigern sollen?

Wenn ja, meint dies, dass Gott uns etwas sagen möchte.

Er oder sie wollte uns als Menschen mit allen Schwächen und Kümmernissen auch trainieren.

Wir dürfen also bitten, dass Gott uns unser Karma erlässt, und wir sind, das Wir-Sind-Bewusstsein. Und die Liebe Gottes heilt. Sie heilt alle Bindungsstörungen zum Vater und zur Mutter und durchtrennt Schnüre in uns, die uns nicht ganz sein lassen.

Spüren wir nun mehr Liebe zum Leben? Und können wir das Bild transzendieren? So dass wir die Erde berühren, sie auch lieben, zumindest liebevoll betrachten und uns „unfixiert" auf die Welt blicken lassen.

Hexe & Magier

Oft haben wir selber in früheren Leben Macht mißbraucht, und wir bitten um Gnade.
Gott heilt dies, wenn er oder sie zustimmen.
Und wir sprechen:
Ich bin Licht, ich bin Wille, ich bin Weisheit, ich bin, der ich bin.
Ich erlaube mir selbst das channeln.
Und ich bin Licht.
Ich manifestiere aus dem höchsten Bewusstsein, dass ich Liebe bin, und ich bitte um Lösung aller Magien, die ich jemals sandte, oder die mir gesandt wurden durch Gott. Egal ob Hexenbänne, Hexenmagien, Zauerreien, Siegelmagien, Blutsmagien, Voodoomagien, Rituale, weiße Magien, Rittermagien, Adelstitel und Flüche, Versprechen an die Dunkelheit, und ich bin frei, frei, ewig frei.
Ich bin Licht.
Ich löse alle Siegelverträge und ich bin frei. Ba Ra Sekhem, um dies zu betonen.
Jesus und die Engel wirken, und wir sind, die wir sind. Ich danke Gott, der ich in Wahrheit bin, von ganzem Herzen. Danke.

www.christian-huels.de

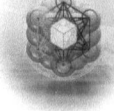

Wir lösen also alle Fixierungen aus der Kindheit, dies sind ungelöste Ängste und Konflikte, die im Unbewussten existieren und dort ihr Dasein führen, bis wir heilen. Wir gehen fortan nicht in Resonanz zu Themen wie Unterdrückung, Furcht und Neurose, sondern sind heil in uns selber.

Wir spüren die Autonomie, und auch der Berg heilt. Können wir auf den Gipfel?

Alle Ängste der Eltern heilen, und wir lösen erneut Glaubenssätze (zum Beispiel, nicht erfolgreicher als Vater oder Mutter sein zu dürfen).

Wir spüren Gott erneut. Und er heilt.
Unser Innen leuchtet.
Und wir sind heil.

Gott lenkt uns, auch zu dem Berg, und wir überprüfen: haben wir den Gipfel erklommen?

Und wie fühlt es sich an, oben auf dem Gipfel?

Sind wir frei und können die Szene überblicken, oder bindet uns etwas?

Vielleicht ein Schuldgefühl (aus der Vergangenheit).
Dann lösen wir dies.

Helfer aus der lichtvollen geistigen Welt

wie die Seele, auch Naturwesen, helfen uns. Wir bitten sie um Hilfe, auch die tiefsten Schichten in uns zu heilen.
Wir sind, die wir sind.
Verbinden wir uns mit Gott, der Seele, den Engeln und Erzengeln, den Naturwesen und wir werden die liebevolle Unterstützung genießen. Sie können die Umwege entstören, die wir aus psychologischen Gründen nehmen. Und wir sind Licht.
Ägyptisch: *Ba Ra Sekhem*, dies dürfen wir sagen.
Und wir spüren die Liebe Gottes. Sie heilt.
Und wir sind Licht, und die lichtvolle geistige Welt erteilt uns eine Gnade der Erkenntnis. Wir sind Licht. Ba Ra Sekhem.

www.christian-huels.de

Wir sprechen:

Ich bin Ba Ra Sekhem.
Und ich bin Licht, und ich bin, der ich bin.
Und ich erlaube mir selbst das Channeln.
Und ich bin Licht. Und wir sind Liebe, Gott und ich gehen
den Weg gemeinsam.

Und wir schauen uns einmal die so genannten Urszene an.

Alle Versprechen an die Dunkelheit gehen.
Und wir sind, die wir sind.
Und die Anteile in uns heilen.

Die Urszene beschreibt die (auch phantasmatisch erlebte) sexuelle Vereinigung der Eltern. Wie reagiert das Kind (mit Scham, Furcht)? Fühlt es sich wohl?
Wir spüren ein Bild.

Es kann frei assoziiert werden.
Ist es ein Raum, ein Bett? Ein Gefühl?
Ein Gedanke an etwas, das nicht gesehen werden sollte?

Ist es ein „Geheimnis"?
Spüren wir, und wir sind Licht.
Sprechen wir über die Schönheit der Welt und ihre Gefühle. Dann sind Gefühle der Liebe und Freude in uns, und sie wollen gelebt werden.

Wir können Sie durch folgende Bitte rufen:
Bitte, geliebte Naturwesen, Engel, Erzengel, auf-
gestiegene Meisterinnen und Meister, lasst mich
aufsteigen in mein höchstes Bewusstsein, und ich
bin Licht.
Und ich spüre die Liebe Gottes, und sie heilt.
Und ich bin Licht.
Ich löse alle Trennlinien und ich bin Licht.
Gott heilt und ich bin Licht.
Spüren wir die Engel, sonst bitten wir erneut:
Bitte, geliebte Engel, lasst mich Eure Liebe spüren,
und ich heile.
Ich danke allen, die mir helfen.
Ba Ra Sekhem.
Und Ihr spürt die Liebe Gottes und heilt.
Namasté.

Spüren wir uns selber, erlauben wir es uns selber, zu sein, zu fühlen, zu lieben, auch den anderen?

Oder vermeiden wir Nähe?

Dann spüren wir die Liebe Gottes, und sie heilt das innere Kind davon.

Wie fühlt es sich an, das Bild?

Haben wir die Vorstellung gehabt, nicht geliebt zu werden?

Wir sind Liebe, und wir heilen, und unser inneres Kind heilt enorm, damit wir die Liebe der (inneren) Eltern annehmen und ganz werden.

Dann lösen wir allen Zorn, alle Scham- und Schuldgefühle in uns.

Und wir finden auch einen Seelenpartner / eine Seelenpartnerin, wenn wir dies wollen.

Gott sorgt dafür.
Alle Geheimnisse liegen offen.
Und wir sind Licht.

Spüren wir den Berg erneut und den Gipfel.
Erklimmen wir? „Erstürmen" wir ihn?
Sind wir geliebt und erfolgreich und liebevoll?

Kraft aus der inneren Mitte

Sie strömt, wie der Bach, wie der Fluss, zu uns, durch uns, und sie heilt.
Sie ist Licht. Und so lichtvoll, dass wir von Ihr geheilt werden, denn wir sind Licht.
Ba Ra Sekhem (ägyptisch).
Spüren wir die Liebe der Seele und die Liebe Gottes, sie heilen unser Innen, und wir sind, die wir sind.

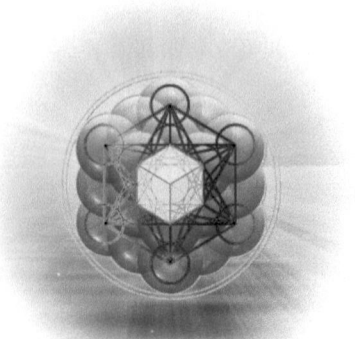

www.christian-huels.de

Dann sind wir Licht.
Und Licht ist die Substanz des All-Einen, der wir in Wahrheit sind.

Und wir sind, die wir sind.
Spüren wir erneut.

Fühlen wir uns wohl? Oder will in uns die Liebe Gottes die Führung übernehmen?

Dann geben wir ihm oder ihr die Führung.
Spüren wir den Gipfel erneut. Ist er schön?
Dann fühlen wir uns auch liebevoll und frei.
Wir sind Licht.

Und alle Bindungsstörungen und Neurosen heilen erneut.

Ba Ra Sekhem.
Und Gott heilt uns.
Ba Ra Sekhem.

Erfolg folgt, wenn wir der Seele ganz das Steuer überlassen. Und Erfolg ist in der Regel nicht nur weltlich zu fassen. Wir können ihn als etwas deuten, dass der Seele das Steuer gibt und die Lernthemen der Seele lernt.
Und Mut gehört zum Leben.
Und so sind wir Mut.
Und wir sind Licht.

Wir sind Licht, und wir
sind Leben.
Und Gott heilt.
Ba Ra Sekhem.

Namasté.

Und wir geben das Steuer an Gott und die Seele.
Und wir steigen, und es gibt keinen Berg, den wir nicht erklimmen (können).

Wir spüren die Liebe Gottes und der Seele, und sie heilt.
Spüren wir noch Ängste und „Ausflüchte" in uns?

Dann spüren wir erneut, wo in der Kindheit noch Trotz, Unruhe, Unbehagen herrscht.

Vielleicht entsteht ein Bild in uns (oder unserem Klienten). Wie sieht es aus?

Spüren wir die Liebe Gottes?

Dann sind wir Licht, und auch dies Bild heilt.
Ba Ra Sekhem.

Und ich bin Licht. Dies dürfen wir sagen.

Und auch unser Seelenhaus heilt.

Wir können wieder, um in dem katathymen Bilderleben zu bleiben, das Haus als eine Wohnstatt der Seele, als inneres Kraftbild und -ort entstehen lassen.

Wie sieht es aus, das Haus der Seele?
Hat es einen Garten? Einen Eingang, einen Weg?
Ist es schön? Ist es liebevoll, einladend?

Versöhnen und zärtliches Umfangen – mit Probehandeln

Wir spüren die Liebe und heilen, wenn Gott dies will.
Und wir spüren Gottes Willen.
Ba Ra Sekhem (ägyptisch für Hohe Seele/ Höchstes Selbst, Bewusstsein, Lebenskraft).

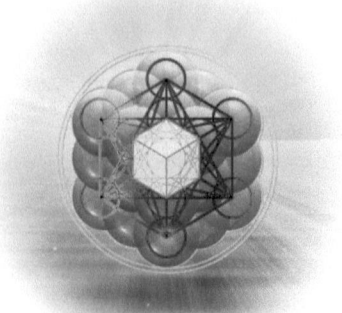

www.christian-huels.de

Ist es groß, ein Palast? Oder eine Hütte, Ruine?
Wo steht es?

An dem Haus können wir ablesen, wie der Klient oder wir selbst mit Wut, Sozialität, seiner / unserer Kindheit umgeht / umgehen, und ob er oder wir unter Fixierungen „leidet" / „leiden".
Fixierungen heißt genauer, etwas nicht lassen zu können, innere Unruhe zu spüren, in unterschiedlichen Situationen ähnliche Gedanken und / oder Gefühle zu fühlen: Gefühle des Gebundenseins gehören dazu, Gefühle sich selbst oder andere als nicht wertvoll zu betrachten, gehören ebenso dazu.

Auch wiederkehrende innere Bilder (Ängste, Verzerrungen, Abstinenz vom Gefühl, sich selbst oder andere zu lieben), können auf Fixierungen hindeuten, und sie gleichzeitig lösen helfen.

Denn sie sind Wegweiser der Seele, die Blockaden in sich zu öffnen, und sie durch besseres Verhalten, besseres Fühlen, unverzerrte Wahrnehmungen zu ersetzen, die realitätsbezogen, wie in idealer Weise zwischenmenschlich liebevoll und spirituell sind.

Etwas nicht in sich selbst lösen zu können, bedeutet, sich auch zu professioneller Hilfe zu entscheiden.

Wir können dennoch Gott und die Engel um Hilfe bitten, auch die fixierten Bilder in uns zu erlösen, zu selbst-

Oft sind zwischenmenschliche Probleme auf der Seelenebene zu heilen. Und dies dürfen wir.
Wir sprechen:
Ich bin Licht, ich bin Liebe, ich bin Wille, und ich bin Weisheit, und ich bin Gott selber.
Ich bin Licht und manifestiere, dass ich Liebe bin.
Es strömt, und Gott heilt in mir, denn ich bin Licht.
Ägyptisch: Ba Ra Sekhem.
Und wir heilen alles in uns selber, wenn wir aufsteigen.
Und wir heilen im Licht der Einheit.
So können wir alles heilen, und es wird sich fassbar in der Welt ausdrücken.
Ba Ra Sekhem.
Ich lasse alle Dunkelheit los, ich lasse alle Dunkelheit gehen, und ich bin Licht, und alle Bilder heilen erneut.
Ba Ra Sekhem.

bewussten, „unprätentiösen" Bildern des Friedens und der Liebe.

Alles in uns zu lieben, hilft uns, denn wir sind, die wir sind.

Und unser Seelenhaus heilt.

Gott wirkt nun, um die Seele zu heilen.
Und wir sind Licht.

Unser Seelenhaus ist Licht. Und wir sind Leben.
Die heilige Barke leuchtet.

Und wir sind, die wir sind.

Unser Seelenatem heilt, und wir manifestieren Licht und Liebe. Wir sind Licht.

Alles zu lieben heißt, sich ganz Gott zu öffnen, und unsere inneren Eltern heilen erneut.
Ba Ra Sekhem.

Spürt die Liebe Gottes erneut, und sie heilt Euer inneres Haus.

Lasst es wirken und seid, denn Ihr seid, die Ihr seid.

Euer Seelenatem heilt.
Und Ihr seid Licht.
Ba Ra Sekhem.

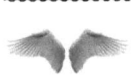

Wir spüren nun den Keller des Hauses. (Lasst Euch von Klienten auch das Haus, den Eingang, das Parterre, den Garten schildern, auch wo es steht kann von Bedeutung sein, ob es Fenster hat, Gardinen, oder „dunkel", „feucht", unruhig ist, und ob es „Besucher" hat, die hinausgebeten werden sollten).

Wir spüren die Liebe Gottes, und unser Seelenhaus heilt erneut.

Es ist Licht.

Bittet um Zugang zum Keller, und Ihr könnt auch bitten, dass bei Euren Klienten alles zum höchsten Wohle aller Beteiligten gefügt wird. Ihr könnt zum Beispiel, wenn es im Keller „dunkel" ist und/oder der Klient den Zugang zu seinem Haus/zum Keller nicht findet, Gott um Hilfe bitten.

Lasst Euer eigenes Haus und das des Klienten heilen, indem Ihr bittet, dass die Engel und Erzengel das Haus heilen.

Es ist Licht und aus Licht gemacht.

Viel Freude fließt ein, und die Seele heilt, denn sie wohnt in dem Haus.
Im Keller ist oft die „Vergangenheit" beheimatet, die Kindheit, manches mal die Enge, die Furcht (nicht zu genügen), Ängste und Zorn.

Freie Bilder

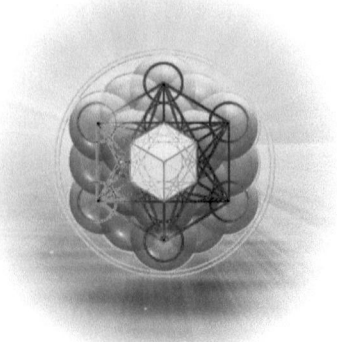

www.christian-huels.de

Im Wohnzimmer kann es unter anderem um Gemütlichkeit, um Ängste, nicht zu genügen, um die Heimat, die inneren Zwänge, die „Gruppe" – also wieviel Freude / Freunde wir zulassen können, gehen. Dies wäre zu channeln und zu erkennen, auch beim Klienten.

Ist es einsam dort, oder brennt das Kaminfeuer und stehen genügend Sitzgelegenheiten dort; übersetzt: ist Geselligkeit dort? Es kann auch um Ruhe gehen, insofern wäre zu prüfen, worauf es ankommt und ob etwas verändert werden soll.

Ihr könnt dies auch im Schlafzimmer überprüfen, oder der Küche, der Nahrungszubereitung und Versorgung (für andere?).

Wie ist die Wohnung – hell, klar, dunkel, sogar „besetzt"?

Bittet alle Seelen aus dem Haus, die dort keinen Zutritt haben; Seelen von Verwandten, Freunden, die in den realen vier Wänden gern gesehen sind, aber im Seelenhaus direkt, nicht sein sollten.

Bittet alle zu gehen, die nicht in das Haus gehören, dies betrifft auch die Mutter und den Vater, und meist ihren Wunsch nach Nähe, der in der Kindheit zu Verletzungen im Kinderleben geführt haben kann, dies aber nicht muss.

Wir sind Licht.
Und wir channeln in der Reinheit des göttlichen
Bewusstseins, und wir sind Licht.
Ba Ra Sekhem, und dies zu betonen.
Spürt die Liebe Gottes, und sie heilt.
Ba Ra Sekhem.
Und die Anteile heilen in uns.
Ba Ra Sekhem.

Spüren wir weitere Bilder, dürfen wir diese nutzen.
Zum Beispiel um Gefühle der Angst und / oder der
Wut in uns zu heilen.
Wer oder was würde einen Zustand in uns heilen?
Gott und die Engel und Erzengel können dies.
So agieren wir dies im Bilderleben mit ihrer und
seiner Hilfe „aus". Und wir sind Licht.
Und dies wirkt.
Ba Ra Sekhem.

Bittet Gott um Heilung Eures Schlafzimmers – ist es dunkel dort oder gemütlich? Will dort Euer Partner, Eure Partnerin Zutritt haben, und ist dies ok?

Spürt hinein, und auch im Schlafzimmer ist Licht.
Ein Engel wirkt, und so bittet auch hier für Eure Klienten um Schutz.

Das Arbeitszimmer will gesehen werden, oft ist es „verstaubt", oder mit Akten voll. Lasst einen Engel „aufräumen".

Dann erkennt Ihr Euren Seelenplan stärker und / oder den des Klienten.

Bittet auch um Schutz des Hauses durch Gott.
Sowohl Eures als auch für das Eures Klienten.
Und spürt die Liebe Gottes.

Zu jedem Zimmer könnt Ihr ein Channeling machen und auch spüren, worauf es in den Räumen ankommt. Ist zum Beispiel der Garten vorhanden? Wie sieht er aus? Ist er groß, geräumig, gepflegt, „überbehütet"?

Ist er liebevoll angelegt. Wer ist der Gärtner?

Lasst Gott den Gärtner spielen, und Ihr seid, die Ihr seid, und Ihr seid Licht.
Und der Garten heilt.
Spürt die Liebe Gottes, und sie wirkt.

Nehmt die Veränderung wahr.
Und Ihr seid Licht.
Spürt Gott, und Ihr seid, die Ihr seid.

Die Engel heilen Euch, und die Liebe Gottes ebenso.

Wie sind der Garten und das Haus nun? Vielleicht „brechen Zäune weg", oder die Fenster sind hell und klar. Eure Wohnung, Euer Haus sind aufgeräumt.

Dies führt zu Weisheit, Liebe und Nähe zu sich selbst und zum anderen.

Und Ihr dürft dies wahrnehmen.

Spürt dies, und die Liebe der Seele ist unendlich. Ihr seid, die Ihr seid. Und Ihr seid Licht.

Spürt erneut und Gott heilt.
Und Ihr seid Leben.

Und wenn Gottes Wille geschieht, dann gibt er Euch den Schlüssel zu Eurem Seelenfrieden.

Und Ihr seid Licht.
Und die Anteile heilen in Euch.
Ihr seid Licht.
Und Gott ist unendliche Liebe und Gnade, und die Erde ist Licht.
Und wir sind, die wir sind.

Und die Bilder heilen, auch die, die noch nicht transzendent gehalten wurden oder sind.
Sie sind Licht.

Und spürt die Liebe Gottes erneut.
Ihr seid Licht.

Lasst niemanden in Euer Seelenhaus außer Gott und die Engel und Erzengel, sowie die aufgestiegenen Meisterinnen und Meister, wie Jesus Sananda oder Kuthumi oder Lady Nada.

Und Ihr seid Licht.

Spürt die Liebe Gottes, und Ihr seid reiner Kanal.

Und die Liebe heilt, sie ist so unendlich, dass nur die Fülle und Transzendenz in Ihr Platz haben.

Und so sei kein Kümmernis, und reine Transzendenz, keine „Arroganz", kein Leid und nur das Gefühl der Liebe von Gott und den Engeln und Erzengeln und der aufgestiegenen Meisterinnen und Meister, die Euch erhellen, lieben und in Fülle und Demut, in Transzendenz und Liebe leben sehen wollen.

Sie sind Licht und wir ebenso.
Ba Ra Sekhem.

So spürt die Liebe der Seele und des Höchsten Selbst, und Ihr seid dies.

Ihr seid Gott selber.

Und Ihr erlaubt es Euch zu fühlen.

Geht die Bilder durch und bittet sie, zu klären, sowohl für Euch, als auch für Eure Klienten.

„Erfindet" neue, die sich stimmig anfühlen, und als Inspiration können die auf der linken Seite des Buches, aus der Therapie mit katathymen Bilderleben bekannte Bilder, gelten. Sie zu kennen, kann Euch tiefer in die Traumatherapie führen und Euch helfen, die psychologische Ebene der Seele zu heilen.

Dazu dient dies Buch, das auch aus der Praxis stammt und stets zu Selbstüberprüfung ermuntert:

Sind alle Aspekte geklärt und geheilt? Wo haben wir Lernthemen offen aus der Kindheit, dem Mutterleib, dem Leben im zwischenmenschlichen Sein.

Dies kann Gott uns offenbaren, heilen und klären.
Und so bitten wir:

Gott, lass uns Liebe sein, und alles ist Licht.
Ba Ra Sekhem.
Die Fülle ist, und wir sind Licht.

Gott ist, und wir sind Licht.
Ba Ra Sekhem.
Und die Anteile heilen in uns.
Seid, und Ihr seid Licht.
Ba Ra Sekhem.

Viel Freude mit den inneren Bildern.

Namasté.

Und ein Strahlen setzt ein.
Und wir sind Licht.

Die Bilder und Ihre „Bedeutung", die auch Zuschrei-
bungen sein können und von Hanscarl Leuner 1954 in
die tiefenpsychologisch fundierte Therapie eingeführt
wurden, sind Licht. Hierbei unterteilt er in eine Unter-,
Mittel-, und Oberstufe der Bilder oder ihrer Bedeutung.

Insofern dient diese Unterteilung als Hinweis, wo
Lernthemen im zwischenmenschlichen Dasein exis-
tent sind. Sie sind keine Denkanstöße sondern bewe-
gende Szenen, die ernstzunehmende Fixierungen
auflösen, Ausagieren des Klienten ermöglichen, so ge-
nannte „Beißhemmungen" (Angst vor Strafe, vor dem
„Über-Vater", der „Über-Mutter" in sich selber) überwin-
den helfen: sich also durchzusetzen wird erlernt und
umgekehrt: Ausgestaltung des Lebens kann in solchen
Bildern durch Heilung (durch Gott, die Engel, das Unbewusste), befördert werden.

Wir werden liebevoller und ausgeglichener.

Namasté.

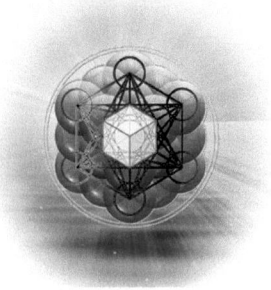

Und Namasté heißt, das Göttliche in mir grüßt das Göttliche in Dir.

Namasté.

Vielen Dank an Tanja Matthöfer (Velbert), Petra Langner (Borchen) und viele weitere Freunde, sowie meine Eltern, denen ich von Herzen danke.

Seid, und Ihr seid Licht.

Ba Ra Sekhem.